박영선과 대전환

박영선과 대전환

'21분 컴팩트 도시 서울'을 향한 큰 걸음

박영선 지음

비타베아타

서울시 대전환,
'21분 도시 서울'을 꿈꾸며

행복했습니다. 중소벤처기업부장관으로 일한 지난 654일, 1년 9개월은 돌이켜 생각해보면 행복한 봄과 같은 날이었습니다. 직원들은 해보겠다는 의지가 있었고 착했습니다. 개인이든 집단이든 누구와 일하느냐가 매우 중요하다는 걸 알았습니다. 사회생활에서 가장 행복한 시절은 MBC에서 마감뉴스를 진행할 때 그리고 미국 특파원 시절이었던 듯합니다. 색다른 출연자를 섭외하고, 색다른 질문을 던지고, 색다른 이야기를 시청자에게 전달하던 마감뉴스 시절 그리고 이국땅에서 할리우드 영화계를 취재하고 화성탐사선 패스파인더가 보내온 우주의 모습을 한국에 알리던 그때처럼 중기부장관으로 보낸 시간은 행복했습니다.

이 행복이 그냥 오지는 않았습니다. 국회의원 야당 시절에는 계속 싸워야 했습니다. 정의와 진실을 위해서 맷집과 근성을 익히고, 때로는 분노를 삭이며 일을 해나가는 방법을 터득하는 데 10년, 축적의 시간이 있었습니다.

장관으로 행정을 하면서 '연결과 상생의 힘'이 가져오는 기적을 직원들과 함께 체험했습니다. 일이 막힐 때 그 매듭을 풀기 위해 연결했습니다. 연결과 상생이 불가능을 가능하게 만들고 생각하지 못했던 큰 선물을 가져다주는 것을 보며 보람을 느꼈습니다. 정말 잘하고 싶었습니다. 코로나19 위기 속에서도 자상한 기업, 대한민국 동행세일, 소상공인 새희망자금, 버팀목자금 등 지금껏 정부에서 한 번도 해보지 않았던 일들이 온기를 만들어냈습니다.

우리의 일과 삶이란 계속 진화하는 것이더군요. 장관으로 지내면서 노동자와 일자리, 경제 전반에 관해 고심하는 시간이 많았습니다. 미래형 일자리를 미리 공부하는 기회도 가졌습니다. 더 멀리, 더 빨리, 더 높이 바라보려 했고 이제는 큰 그림을 실행하는 데 좀 더 익숙해졌습니다.

사람들은 '진정한 21세기는 코로나19와 함께 시작되었다'고 합니다. 저도 그렇다고 생각합니다. 100년 전 마차에서 자동차로 바뀌던 대전환의 시대가 사람의 일상을 바꿨듯이 지금 우리는 아날로그에서 디지털로 가는 대전환을 맞고 있습니다.

장관 시절에 시도했던 '연결과 상생'을 서울시 행정에 적용하기 위해 몇 가지 궁리를 해보았습니다. 환경·경제·사람은 서울시를 바꿀 수 있는 핵심 요소입니다. 도시는 생명체라서 이 요소들이 나누어져 있는 것이 아니라 유기적으로 연결되어 있더군요. 결국은 환경·경제·생활의 생태계를 살리는 기반을 조성하는 것이 서울시장의 일이요, 서울의 미래라고 생각했습니다. 하나의 생명이 잘 자랄 수 있는 환경을 만들어주고 싶은 것이 엄마의 마음이자 농부의 마음이 아닐까 합니다.

우리가 뜻을 모아 노력한다면 무너져가는 환경을 다시 세우고, 자연을 도시에 입히는 도시 숲, 수직도시정원으로 탄소제로 시대를 열어가는 건강한 서울, 프로토콜 경제로 더불어 잘사는 새로운 경제 생태계를 만들 수 있습니다. 일터와 삶터가 가까운 21개의 컴팩트 도시 '21분 도시 서울'은 21분 안에 내 삶의 많은 것이 이루어지는 '글로벌 디지털 경제 수도 서울'을 만들 수 있습니다.

확신합니다. 이 시기에 좌표를 어떻게 찍느냐에 따라 서울의 미래와 우리의 삶이 달라집니다. 지난 100년 동안 세계 도시의 표준이 뉴욕이었다면 이제는 서울입니다. 글로벌 디지털 경제의 세계 수도이자 스마트시티의 세계 표준이 되는 것이 서울시 대전환의 도달점입니다. 책임감과 사명감을 가지고 서울시 대전환을 이루고자 합니다.

서울시장 출마를 선언한 이후 여러 토론과 인터뷰에서 '21분 도시 서울'을 강조한 덕분에 도시, 건축, 환경, 조경 전문가들을 비롯해 서울 시민들로부터 많은 관심과 질문을 받고 있습니다. 서울시장 선거에서 도시의 미래가 이슈가 되는 건 처음이기 때문일 겁니다. 그 과정에서 많은 시민이 아름다운 도시, 자연과 친한 건강한 도시, 내 집과 직장이 가까운 도시를 갈망하고 있음을 확인했습니다. 이 책을 통해 좀 더 자세한 그림을 함께 그리고자 합니다.

1장은 '도시'를 주제로 합니다. 대학에서 도시지리학을 전공한 이후, 거의 매일 한강을 건너는 긴 출퇴근 시간에 오랫동안 도시에 대해 생각해왔습니다. 도시재생 사업에는 도시에 대한 철학이 필요합니다. 재개발과 재건축도 마찬가지입니다.

1장에서 언급한 '21분 컴팩트 도시' 그리고 수직도시정원과 스마트팜, 바람 길 등은 저의 여가생활에서 나눈 담소의 중요한 소재였습니다. '21분 도시'는 파리 시장 안 이달고의 '15분 도시'에서 모티브를 얻었습니다. 이 책에서는 현장에 있는 전문가와 기업가를 모셔 대담을 진행하며 내용의 충실함을 기하려 했습니다.

　저와 함께 '21분 컴팩트 도시'와 수직정원과 스마트팜에 대한 아이디어와 현실적인 구성안을 만든 분들이 있습니다. 국민대학교 건축대학 이경훈 교수님, 초힐로에이플러스유 조신형 대표, 그린랩스 신상훈 대표, 서울대학교 환경대학원 조경진 교수님에게 깊은 감사의 말씀을 드립니다.

　2장은 '경제'를 주제로 새로운 디지털 대한민국에서 플랫폼 경제 이후 다가올 프로토콜 생태계에 대해 논하고 있습니다. 프로토콜 경제는 공유경제, 구독경제의 개념에 신뢰와 참여를 보탠 더불어 성장하는 세 번째 신 경제 개념입니다. 정치인이 되기 전 경제부 기자와 경제부장을 지낸 경험이 큰 자산이 되었습니다. 새로운 경제 생태계로 나아가는 대한민국이 디지털화되기 위한 단계와 현장의 목소리를 함께 담아냈습니다. 프로토콜 경제를 활용한 스타트업의 대표주자로서 프로토콜 경제의 적용과 발전에 관한 깊이 있는 통찰과 정부가 해야 할 역할을 예리하게 지적해준 옥소폴리틱스 유호현 대표, 해시드 김서준 대표, 보이스루 이상헌 대표에게 이 자리를 빌려 감사의 말씀을 드립니다.

　　3장은 '사람'을 주제로 중소벤처기업부 장관이 되어서 만난 소상공인들과 중소기업들의 이야기 그리고 개천용 시리즈에서 언급한 혁신벤처기업들의 이야기를 담았습니다. 넷마블 방준혁 대표, 배민 김봉진 의장, 마켓컬리 김슬아 대표, 프레시지 정중교 대표 등 이미 유명한 분도 있고 이제 막 떠오르는 분도 있습니다. 국가와 사회의 발전을 위해서 가장 좋은 투자는 사람에게 투자하는 것임을 그들을 만나면서 다시 한 번 깨달았습니다. 일을 하고 싶고 창의력을 가진 사람들을 지원하고 그들에게 투자하는 것이 앞으로의 100년을 결정할 것입니다.

　　코로나19라는 어려운 시국 속에서도 자리를 지키며 대한민국을 일으켜 세우고 있는 사람들의 이야기를 통해, 이 책을 읽는 독자들이 다소나마 희망과 긍지를 가질 수 있으면 좋겠습니다. 쓰러지고 힘든 시절이 오히려 그들만의 아름다운 삶의 과정이 되는 걸 보고 배웠습니다. 저 또한 때로는 어려움과 고난도 있었지만 그때마다 혼신을 다해 저를 지지해준 사람들에게 보답하는 정치를 하고자 마음을 다잡고 있습니다. 이들의 이야기를 통해 코로나19가 가져온 혹독한 겨울을 이겨내고 따뜻한 봄날을 만들어낼 수 있다는 희망을 가져봅니다.

도시는 공동체가 살아가는 공간이자 스스로 변화하고 성장하는 생명체입니다. 이 생명체를 함께 일구어가는 시민들은 주인공이자 동반자입니다. 시민들과의 연결 없이 '서울의 미래'는 존재하지 않습니다. 서울은 함께 성장하는 도시입니다. 이제부터가 중요합니다. 도시의 삶은 참 고단하고 힘듭니다. 특히 지난 1년은 코로나 때문에 시민들이 너무 지쳐 있습니다. 시민들이 의지하고 시민들의 이야기를 들어주는 품이 넓고 믿을 수 있는 사람이 필요합니다. 지금 로마, 워싱턴, 파리 같은 세계적 도시의 시장들이 여성이라는 점도 그런 시대를 뒷받침하는 현상이라고 여겨집니다. 독일의 앙겔라 메르켈 총리는 무티(mutti, 엄마) 리더십이 강점입니다. 저도 코로나19로 지친 시민들에게 따뜻하고 푸근한 여성 리더십으로 다가가고자 합니다.

이 책을 쓰는 데 정말 많은 분의 도움을 받았습니다. 10년이 아닌 100년을 준비해야 한다는 생각에 동참해주신 분들에게 감사의 말씀을 전합니다.

개인적으로는 코로나19 위기 상황을 각자 위치에서 함께 극복해낸 국민 여러분에게서 가장 큰 힘을 얻었습니다. 어두운 터널을 통과하고 있지만 터널이 끝나는 날을 준비하고자 합니다. 따듯하고, 친절하고, 긍정적이며 어려움 속에서도 희망과 용기를 주는 봄과 같은 사람, 서울의 봄을 위해 봄과 같은 시장이 되겠습니다. 새로운 서울의 봄을 기대하며 두 손 모아 다시 한번 감사드립니다.

2021년 3월

박영선

1장 서울시 대전환

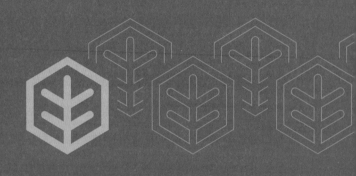

도시의 새로운 생태계를 꿈꾸다

도시재생, 전통적인 현대 도시를 만들다

도시란 무엇인가? 도시는 살아있는 공동체이자 생명체이다. 시민·건물·환경이 모여 조화롭고 완전한 생태계를 이룬다. 살아있는 도시는 늘 나의 탐구 대상이다. 서울 테헤란로의 한복판에서도, 삼청동의 깊은 골목길 안에서도, 나는 이 도시를 살아가는 사람들에 대해 생각한다. 가던 길을 잠시 멈추고 숨을 한 번 들이마시고는 서울 도심 속에서 사람들이 '어떤 삶을 살고 있을까' 느껴본다.

대학교 시절 나는 지리학을 전공한 도시지리학도였다. 방송국 시험에 합격하지 않았다면 지금 이 순간에도 연구를 핑계로 도시를 걷고 있을 터였다. 그래서인지 도시재생이라는 말을 들으면 눈이 번쩍 뜨이고 귀가 쫑긋거린다. 도시재생은 하나의 도시가 새롭게 태어나는 과정이며, 시민들과 함께 하나의 생명체를 진화시키는 일과 같다. 이 얼마나 소중한 일인가.

서울을 어떻게 재생시킬까 하는 생각은 내 인생의 화두였다. 세계 어디를 가도 '서울을 이런 식으로 바꾸면 어떨까?' 상상해보곤 했다. 1985년 미국 워싱턴 D.C.에 있는 방송국 연수시절에 〈세계의 도시를 찾아서〉라는 프로그램을 만들면서 얼마나 행복했던지. 시민과 함께 도시를 새롭게 만들어가는 일, 생각만 해도 가슴이 설렌다.

　　도시는 오랜 역사를 가지고 있다. 도시의 패턴이 만들어진 것은 2천 년 전 팍스 로마나 시대로 거슬러 올라간다. 중세 이후에는 영국의 산업혁명, 프랑스의 시민혁명을 거쳐 도시를 관리하기 위한 계획들이 세워진다. 현대 도시의 원형인 중세 도시는 본디 상업의 중심지로서 경제적인 기능이 강했다.

　　산업혁명을 거치며 도시는 그 기능과 형태에서 큰 변화를 겪었다. 1차, 2차 산업혁명 시대에는 도시가 급격하게 팽창하다 3차 산업혁명 시대에는 도시의 다양성이 중요해졌다. 4차 산업혁명 시대로 넘어오면서는 지금까지 축적된 산업화 시대의 유산들을 어떻게 보존하고 재창조해야 하는가에 초점이 맞추어졌다. '역사를 담은 스마트도시'를 만들어야 하는 시대가 온 것이다.

　　영국의 경우, 산업혁명의 유산을 잘 보존해 문화로 재창조했다. 모두 부수고 다시 짓는 무조건적인 개발이 아니라 역사적 유산을 지키면서도 지역과의 연계를 고려해 성공적인 도시재생 사업을 이루었다.

　　대표적인 사례가 바로 영국 런던의 킹스크로스역King's Cross Station이다. 우리나라로 치면 서울역이다. 킹스크로스역은 영화 〈해리포터〉에서 주인공이 호그와트행 증기기관차에 탑승하는 장면으로 유명하다. 어린 해리포터는 9¾ 플랫폼 담벼락으로 사라

영국 런던의 킹스크로스역

진다. 현실에서도 킹스크로스역은 연평균 3,000만 명이 넘는 인구가 방문하는 런던 최대의 환승역 중 하나다.

　런던시는 오래된 킹스크로스역 주변을 재생사업을 통해 역사적으로 그리고 건축적으로도 상징적인 랜드마크로 만들어놓았고, 런던 도심을 완전히 새롭게 탈바꿈시켜 놓았다. 산업화 시대를 상징하던 킹스크로스역을 중심으로 주거, 상업, 교육, 지역 환경을 해결할 수 있는 복합커뮤니티 지구를 조성해 미래 세대에 새로운 대안을 제시했다.

　킹스크로스 도시재생 사업은 3단계로 이루어졌다. 1단계는 '광장의 재생'이다. 킹스크로스역 광장에 독특한 나뭇가지 패턴의 지붕을 덮어 만남의 광장으로 꾸미고 상점을 배치해 상권을 형성했다. 유로스타 출발역이 킹스크로스역과 연결되어 런던과 파리 사이를 일일생활권으로 만들었다. 그리고 유로스타 출발역 주변의 창고도 원형을 그대로 살려 상점으로 개조해 문을 열었다.

2단계는 '젊음의 거리로 변신'하는 것이었다. 먼저 킹스크로스역 주변의 도보 5분 거리에 대학을 유치했다. 대형 창고가 있던 자리에, 런던 시내 좁은 건물에 있던 세계적인 예술대학 센트럴 세인트 마틴스Central Saint Martins College of Arts and Design를 역세권이자 넓은 공간으로 이전한 것이다. 또 구글 영국 본사가 '랜드스크레이퍼'라는 이름의 대형 건물을 지으며 이전해오자, 페이스북, 삼성전자 등도 킹스크로스역 주변으로 옮겨왔다.

예술대학 학생들과 글로벌 기업의 직원 등 젊은이들이 킹스크로스역 주변에 모이자 거리에 활력이 넘치기 시작했다. 학생들의 작품을 전시하는 다양한 행사가 열려 지역을 활성화시키는 역할을 톡톡히 하고 있다. 지역 주민들을 위한 행사도 많이 열리면서 학생들만이 아니라 다양한 연령대의 사람이 모여 공동체를 만들어가고 있다.

3단계는 '주거 공간의 확보'다. 킹스크로스역 주변 도보 10분 거리에 있는 대형 가스저장소를 재건축했다. 원형을 그대로 살리고 둥근 원통형 내부를 아파트로 개조했다. 3단계 재생은 아직 미무리 작업 중이지만 완결되면, 킹스크로스역 주변은 새로운 명소로 재탄생하게 될 것이다.

킹스크로스역의 도시재생 사업은 기획력이 돋보이는 작품이다. 도시에 대한 거시적인 관점을 가지고 시작된 프로젝트임이 분명하다. 서울역도 복원 사업과 재생 사업을 진행했지만 단편적인 프로젝트에 그쳤다. 주변과의 연계성을 고려하기에는 역부족이었다고 생각한다. 재건축을 거쳐 2017년에 개방한 서울로 7017은 차량이 다니는 고가도로를 사람이 다니는 보행도로로 개조했으나 주변 환경에 대한 깊이 있는 고찰이 부족했다는 아쉬움이 있다.

사람이 혼자서는 살아갈 수 없듯이 공간도 그렇다. 어떤 공간이든 주변의 공간과 연결되어야만 생명력을 지닌다. 무수한 모세혈관처럼 구석구석 연결되어 있어야 한다. 그 연결성이야말로 새로운 생태계를 탄생시킨다. 공간은 그 안에 머무르는 사람을 닮는다고 했던가. 소통과 공감이 있는 지역 공동체가 살아있는 공간을 만들 수 있다.

재래시장의 새로운 전환

성탄절이 다가오면 독일의 전통적인 크리스마스 마켓이 떠오른다. 그때쯤이면 독일 각 도시의 광장은 크리스마스 마켓으로 예쁘게 장식되고 많은 사람으로 붐빈다. 따듯하게 끓여 마시는 와인인 글루바인Gluhwein 가게 앞은 특히 많은 사람이 모여든다. 저마다 손에 김이 모락모락 나고 진한 계피향이 풍기는 두툼한 와인잔을 들고 서 있다. 추위를 녹이며 친구나 가족과 오손도손 대화를 나누는 광경이 꽤나 정겨워 보인다.

나는 일행과 함께 그 무리에 끼어 김이 모락모락 나는 글루바인을 마셨다. 글루바인 한 잔에 6유로인데, 다 마시고 가게에 잔을 돌려주면 3유로를 돌려받는다. 돌려받는 대신 잔을 가져가도 괜찮다. 처음엔 잔을 돌려주어야겠다고 생각하지만 한 모금 한 모금 마시다 보면 대부분 마시던 잔을 기념으로 가져간다.

광장에는 따뜻한 와인 가게뿐만 아니라 크리스마스 장식품과 선물가게가 즐비하다. 음식점은 마치 우리나라 대형 포장마차와 비슷하게 생겼다. 다른 가게들도 임시로 만들어진다. 평소 검소한 생활을 하는 독일인들의 삶 속에 억눌려 있던 소비욕을 발산하는 장소가 크리스마스 마켓인 듯했다. 그곳에는 삶의 향기가 있고 서민들의 대화가 꽃핀다.

'바이나흐트마르크트^{Weihnachtsmarkt}'라 불리는 크리스마스 마켓은 독일에서 유래되었는데, 이제는 유럽 곳곳에서 볼 수 있다. 11월 말부터 대림절(기독교에서 크리스마스 전 4주간 예수의 성탄과 다시 오심을 기다리는 교회력 절기)까지 한 달 남짓한 기간 동안 열리는 재래시장 형태의 서민적 크리스마스 마켓이다. 이 역시 서민의 삶을 중시하는 독일인들의 발상인 듯하다. 영국 런던에도 크리스마스 마켓이 있으나 독일만큼 성황을 이루지는 않는 듯했다. 영국은 오히려 시청보다 왕궁 주변에 있는 크리스마스 마켓이 훨씬 북적거렸다.

런던의 재래시장을 활성화한 올드 스피탈필즈 마켓^{Old Spitalfields Market}도 굉장히 인상적인 장소다. 우리나라 재래시장과 비슷한 점이 많다. 기능이 쇠한 우리나라 재래시장에서 한 것처럼 건물과 건물 사이를 유리천장으로 연결해 비를 막고 보온효과를 낸 점도 비슷했다. 그러나 바닥을 아주 매끈하게 처리해 언제나 임시점포를 치우고 대형행사를 할 수 있는 광장으로 만들어놓았다는 점이 우리와 달랐다.

한 마켓에 유명 브랜드의 가게와 재래시장 점포가 섞여 있는 점도 특이했다. 처음에는 논란도 많았지만 결과적으로는 브랜드와 재래시장 점포 모두 '윈윈^{win-win}'하게 되었다. 우리나라도 한번 고려해볼 만한 정책이다. 빈부 차이와 상관 없이 모두 섞여 살아야 한다는 런던 시정의 반영일 수도 있다. 독일과 영국의 사례를 보면서 우리나라의 재래시장 현대화 정책도 한 단계 업그레이드되어야 할 시점이라고 생각했다.

　　우리나라에서 위의 사례와 비슷한 장소를 찾자면 구로가 아닐까 싶다. 재래시장과 디지털단지가 공존하는 구로는 전통적인 분위기와 현대적인 분위기를 동시에 느낄 수 있는 곳이다. 재래시장의 현대화는 전통성과 역사를 이어가면서 경제성 또한 담보되어야 하기에 기획하기가 쉽지 않다. 해외 관광명소로 확고히 자리 잡은 영국 런던의 버로우 마켓, 호주 멜버른의 퀸 빅토리아 마켓 등의 성공적인 예시를 참조해서 기획해보면 어떨까? 우리나라도 도시 전체를 보는 거시적인 안목과 시민의 삶을 들여다보는 미시적인 안목으로 전통성과 현대성을 살리는 도시재생을 설계할 필요가 있다.

서울시를 어떻게 되살릴 것인가

궁궐의 도시, 서울 이야기

서울에 대한 나의 오랜 탐구심은 2018년에 펴낸《박영선, 서울을 걷다》에 결집되어 있다. 여러 전문가와 함께 서울 곳곳을 걸어다니며 역사적·건축적 관점에서 공간을 탐색했다. 그때 서울이 역사가 살아 숨 쉬는 아름다운 도시라는 것을 깨달았다. '궁궐의 도시'라는 이름을 붙여도 좋을 만큼 서울은 세계에서도 드물게 도심에 다섯 개나 되는 궁궐이 남아있다.

서울 중심에는 경복궁이 자리하고 있고 양쪽 방면으로 창덕궁, 창경궁, 경희궁, 덕수궁이 있다. 5대 궁궐의 문화적·역사적 가치는 현대 도시 서울에 매력을 더하는 특별한 문화유산이다. 궁궐의 도시 서울은 충분히 세계적인 도시가 될 수 있는 잠재력을 가지고 있지만, 거시적인 관점과 미시적인 관점을 가지고 재정비할 필요성이 있다. 역사와 전통을 보존하면서도 현대적인 요소를 포함한 미래의 도시 서울을 만들 수 있다면 어떤 모습일까? 서울의 도시재생이 중요한 이유다.

도시재생 사업은 우리 조상의 지혜에서 배울 것이 많다. 19세기 말 흥선대원군은 경복궁을 재건하는 대규모 토목공사를 벌였다. 그 과정에서 요즘 말로 하면 도시재생 효과가 나타났다. 궁 주변이 정비되며 활기가 되살아나기 시작한 것이다. 1860년

대에 이루어진 도시재생으로 경복궁은 조선왕조 500년 도읍지이자 대한민국 수도 서울의 심장이 되었다.

경복궁은 지형과 지세에 맞춰 철저한 도시계획을 바탕으로 건설된 궁이었다. 다른 나라의 궁과 달리 서울 도심의 5개 궁은 위압적이지 않다. 주위의 산세에 자연스럽게 녹아들어 있다. 사람 사는 냄새가 물씬 나는 창덕궁은 어떠한가. 우리 조상들은 어느 한쪽으로 치우치지 않은 균형적인 삶의 공간을 만들어냈다. 나무숲에 둘러싸여 온화하고 부드러운 분위기를 자아낸다. 우리 조상들이 '조화'가 서울의 도시재생 사업의 주제어가 되어야 한다고 말을 건네는 듯했다.

창덕궁은 유네스코 세계유산 UNESCO World Heritage 에 등재되

자연과 조화를 이루는 창덕궁

어 세계적으로도 보존할 가치가 있는 문화유산으로 인정받았다. 우리나라에는 유네스코 세계유산에 등재된 문화유산이 13개에 이른다. 창덕궁은 특히 주변 환경의 특징을 잘 파악하면서도 최대한 자연을 보호하며 지어졌다. 우리 조상들의 자연친화적인 건축 철학이야말로 세계적인 가치를 지녔다고 생각한다.

현대 건물 중에 비슷한 느낌을 주는 곳은 경복궁의 동쪽 소격동에 있던 국군 기무사 터에 세운 국립현대미술관 서울관이다. 담장 없는 미술관은 스스럼없이 주변 공간과 어우러진다. 그곳에 자리한 몇몇 그루의 나무가 주변을 품고 있어 고즈넉한 느낌을 완성한다. 그 자체로 아름답다. 한껏 숨을 들이쉬고 내쉴 수 있는 장소이자 진정한 도시재생이 무엇인지 느끼게 해주는 건축물이다. 이처럼 도시재생은 주변과의 연계성을 살리는 방향으로 이루어져야 한다. 모든 공간은 그 공간만의 독특한 생명력이 있기 때문이다.

그런 의미에서 서울에서 가장 좋아하는 장소 중 하나가 삼청동이다. 자그마한 공간들이 주는 소소한 아름다움이 골목을 가득 채우고 있다. 도시지리학을 전공하며 가슴에 박힌 말이 있다. '도시에서 골목길은 생명선, 핏줄과 같은 것이다'라는 메시지다. 아무리 동맥이 있어도 실핏줄이 없으면 우리는 살아갈 수 없다. 작은 실핏줄들이 하나의 생명체를 살린다. 공동체의 끈끈함이 남아있던 골목길 문화가 지금은 사라져 아쉬운 점이 많다.

특색을 살리는 도시재생이 필요한 이유

서울을 둘러보면 가슴 아픈 곳이 많다. 그중 하나가 세운상가다. 세운상가의 9층 옥상에 올라가면 종묘를 한눈에 내려다볼 수 있다. 거시적으로 보면 세운상가는 종묘의 축을 살리는 동시에 주변과 연계성을 살릴 수 있는 곳이다. 아름답기도 하지만 지리적으로도 중요한 위치에 있다.

'세계의 기운이 모인다'는 뜻을 지닌 세운상가世運商街는 국내 최초의 종합전자상가이자 우리나라 최초의 주상복합 아파트다. 세운상가는 초기 설계자인 김수근 건축가의 계획대로 만들어지지 않았다. 그에 따라 건축가가 처음 의도했던, 종묘에서 필동에 이르는 보행 통로는 물론이고 옥상 인공정원도 제대로 실현되지 못했다. 한때 전자산업의 메카로 주목받았으나 용산전자상가가 생기면서 위상이 추락했다.

2000년에 철거 위기를 겪은 세운상가는 종로의 도시재생 사업을 통해 다시 태어났다. 공방과 갤러리 등이 들어서며 새로운 활기가 돌고 있다. 앞으로 도시재생 사업을 통해 스마트시티로 거듭나기를 바란다. 그 과정에서 주변 환경과 조화로운 공간을 만드는 선조들의 지혜가 꼭 필요하다.

덕성여중 재학시절 매일 지나다니던 송현동 또한 가슴이 먹먹해지는 장소다. '소나무 언덕'이라는 뜻을 지닌 송현松峴동의 솔숲이 아직도 눈에 선하다. 아름다운 솔숲을 비롯해 인현왕후와 명성황후가 살았던 감고당과 같은 고옥들이 심각하게 훼손된 채 방치되어 있다.

2000년 삼성생명과 삼성문화재단이 송현동의 땅을 매입해 미술관과 복합문화시설을 짓겠다는 계획을 세웠지만, 역사적인 지역이라는 이유로 극심한 반대에 부딪혔고 그 계획은 무산되었다. 그러나 2008년 대한항공이 이 땅을 삼성으로부터 사들여 최고급 호텔을 짓겠다고 울창했던 숲을 모두 없애버렸다.

내가 18대, 19대 국회의원을 하던 시절의 일이었다. 문화의 교차로가 되어야 할 곳에 관광호텔이 지어지다니 상상도 할 수 없었다. 민주당에서는 끝까지 이를 반대했다. 박근혜 대통령 시절 대한항공은 법규까지 바꾸려 했고 소송까지 불사했으나 결국 학교 주변에 관광호텔 설립은 불가하다는 대법원 판결이 나왔다.

이후 송현동은 젠트리피케이션으로 몸살을 앓았다. 예술가들이 모여들어 지역 특색을 살려놓으면 투자자와 부동산 개발자들의 먹잇감이 되기 시작한다. 거대 자본이 움직이기 시작하면

임대료와 지가가 상승하고 결국은 원래 살던 주민들이나 예술가들은 떠나고 특유의 문화가 사라지는 일이 반복되고 있다. 상업적인 젠트리피케이션, 똑같은 모습으로 복제되는 듀플리케이션을 경계하려면 각 지역의 특색을 살리는 도시재생 사업이 진행되어야 한다. 다행스럽게도 현재 서울시에서 송현동 부지를 매입해 숲으로 복원하는 일을 추진하고 있다. 이 부지가 공공공간으로 변모할 때 주변 지역을 더 활력 있게 변화시키는 마중물이 될 것이다.

직주근접, 직주일치의 도시를 꿈꾸며

나는 2021년 1월 26일 서울시장 보궐선거 출마를 공식적으로 선언하면서, 서울을 21개의 다핵분산도시로 만든다는 포부를 펼쳐 보였다. 이 계획은 선거용이 아닌 서울에서 50년 동안 살아온 한 시민으로서의 오랜 바람이자 화두임을 알아주셨으면 좋겠다. 서울이라는 공간에 사는 모든 시민의 생활이 살아 숨 쉬고 활기차길 바라기 때문이다.

이제는 '서울의 대전환'이 이루어져야 할 때다. 현대 세계는 배타적인 '장소의 공간space of places'에서 '흐름의 공간space of flows'으로 바뀌고 있다. 흐름의 공간을 살리려면 전통적이고 과거

서울시장 출마 선언

지향적인 행정구역 개념으로 접근해서는 안 된다. 그보다는 사람과 물류의 흐름을 바탕으로 한 정책을 시행해야 한다. 모든 것은 연결되어 있고 연결이 되어야만 생태계가 살아난다. 이게 바로 조상들의 도시계획이 우리에게 가르쳐준 지혜라고 생각한다.

지금까지 서울의 도시계획은 원거리 통근과 직주분리를 내세워왔다. 도심의 환경이 악화되고 지가가 상승하면서 직장과 주거지가 분리되고 통근거리가 멀어졌다. 직주분리현상으로 도심에는 주택이 줄고 공공기관과 상업시설만 남게 되는 문제가 생겼다. 현재의 용도지역제^{zoning}가 한계점에 다다른 것이다.

미래의 서울은 직주근접, 직주일치의 도시가 되어야 한다. 도심에서 빠져나갔던 사람들을 회귀시킬 수 있는 도시재생 사업이 필요하다. 직장과 주거지를 가까운 곳에 두고도 삶의 영위가 가능한 곳이 되어야 한다. 삶의 질을 높이기 위해서는 살 만한 주거환경이 직장 가까이에 조성되는 것이 급선무라 생각한다.

전통적인 행정구역에 기반한 도시 서비스 공급체계는 대도시의 평면적 확장에 기초하고 있기에 기후변화나 디지털 경제 시대에 대응하기에는 적합하지 않다. 현재 '2030 서울도시기본계획'의 공간 구조는 3 도심, 7 광역중심, 12 지역중심 체계로 이루어져 있다. 그리고 '2030 서울생활권 계획'은 5개 권역과 116개 지역생활권계획으로 구성되어 있다. 계획은 그러하나 실제로 종합

서비스 공급의 효율성을 추구하기에는 공간적 스케일이 너무 크거나 너무 작은 곳도 있다. 현실적인 정책을 실행하기 위해서는 보완이 필요하다.

하나의 큰 덩어리에서 나뉘어 분화되면서 성장하는 세포처럼 여러 개의 작은 도시에 핵이 하나씩 있고 이것을 연결해서 서울시를 되살리는 구상을 해보았다. 이제 지역 특색을 살린 핵을 만들고, 각 지역의 핵을 연결해 도시 자체가 세포질 역할을 하는 환경을 만들어야 한다.

21분 도시 서울

'운전하는 도시'에서 '걷는 도시'로

'21분 다핵도시', '21분 도시 서울'은 새로운 개념이 아니다. 다른 나라에서 이미 시행되고 있고 검증된 개념이다.《서울은 도시가 아니다》를 출간했던 국민대학교 건축학부 이경훈 교수는 박원순 서울시장의 제안으로 서울시 도시계획 위원을 지냈다. 그의 의견을 듣고자 21개의 다핵도시와 21분 도시 서울에 대해 토론을 진행했다.

박영선   21분 다핵도시는 걸을 수 있는 시간 내에 생활권이 만들어져야 한다는 개념에서 나왔습니다. 걷는 사람이 많으면 골목상권이 살아나듯, '걷는 도시'가 되면 생활권 내 상권이 살아날 수 있습니다. 그뿐만 아니라 자동차 사용이 줄어 탄소배출도 감소해 환경친화적 도시로 변모할 것입니다.

이경훈   도시정책은 '실현할 수 있는 계획'과 이를 추진하는 정책가가 '어떠한 철학을 가지고 있느냐'가 중요합니다. '걷는 거리'는 도시의 '혈액'과 같습니다. 사람들이 걸으면서 상호작용이 일어나 상업과 문화가 활성화됩니다. 자동차와 대형마트로 동네 상권이 무너진 현상이 그 반대의 예라고 볼 수 있습니다.

이제는 '시공간時空間'의 개념이 필요합니다. 자동차가 아닌 도보 시간을 기준으로 공간이 만들어져야 합니다. 현재 가장 친환경적인 도시가 뉴욕이라고 알려진 이유는 걷는 인구가 72%에 달하기 때문입니다. '걸을 수 있는가'는 시민의 건강뿐 아니라 도시의 활력에 관한 문제입니다. 이 모든 것이 총체적으로 모여서 시민의 삶의 질을 결정합니다.

박영선 사람이 지치지 않고 걸을 수 있는 거리는 2킬로미터 정도라고 알고 있습니다. 남자는 평균 20분, 여자는 평균 20분이 조금 넘는 거리입니다. 남녀 차이를 고려해 나온 숫자가 21분입니다. 서울의 면적(동서 간 거리 36.78킬로미터, 남북 간 거리 30.3킬로미터)을 걷는 시간을 고려해 구역을 나누어 보면 21개 정도입니다. '21'은 상징적인 의미라고 보시면 좋겠습니다.

이경훈 이미 여러 나라에서 채택해서 이 개념을 채택해서 시행하고 있습니다. 스페인 바르셀로나는 1800년대 산업화로 불거진 도시문제를 해결하기 위해 네모난 블록들을 만들었습니다. 현재 9개의 블록을 합쳐 '슈퍼블록 Superblock'을 만들었는데, 5,000~6,000명 정도가 생활할 수 있는 작은 마을 단위입니다. 슈퍼블록 내에는 자동차와 오토바이가 쉽게 들어올 수 없고 공적인 임무가 있는 차만 통행할 수 있습니다. 결과적으로는 차량이 차지하는 공간을 30% 감소시켰고, 탄소배출도 40% 정도 줄어들었다고 합니다. 2019년에는 8곳 이상에서 시행했으며 점차 확대할 예정입니다.

슈퍼블록은 2005년에 바르셀로나 그라시아 지구에 실험적으로 만들어졌습니다. 그러다 2015년 아다 콜라우 바르셀로나 시장이 도시의 공기 질을 향상시키기 위해 2018년까지 21%이상 줄이겠다는 목표를 세우면서 주요한 정책으로 자리 잡았습니다. (출처: 〈한겨레〉 2017년 12월 9일 토요판 특집, "네모반듯한 바르셀로나 '슈퍼블록' 도시의 비밀")

박영선 이제 도시가 '사람' 중심으로 바뀐 것은 세계적인 흐름이라고 봅니다. 산업화의 진행으로 도시에 인구가 밀집되고 위생의 문제가 생기면서, 토지의 용도를 구분하는 용도지역제(조닝, zoning)가 시작되었습니다. 뉴욕은 조닝이 완성된 도시로 10여 년 동안 세계 도시의 표준이 되었습니다.

그러나 이제는 아닙니다. '도심화'와 '집중화'가 아닌 '사람 중심' 그리고 '생태와 환경' 중심의 도시가 되어야 한다는 생각이 전 세계 공통적으로 퍼지고 있습니다.

'9분 도시 바르셀로나'는 슈퍼블록을 만든 후 소상공인이 되살아나고 탄소배출도 감소했습니다. 그다음 '15분 도시 파리'가 나왔습니다. 안 이달고^Anne Hidalgo 파리 시장을 지켜보면서 '과연 될까'라고 생각했지만, 1년 후에 보니 '가능하다'는 결론을 얻었습니다.

21분 다핵도시는 가능한가

박영선 '서울은 어떻게 변해야 할까'를 더 고민하기 시작했습니다. 서울에 가장 적합한 그림을 그리려 했습니다. 만약 '21분 도시 서울'이 성공하면 세계 메트로폴리탄 도시들의 표준이 될 것입니다.

이경훈 21개 다핵도시, 21분 도시 서울에 대해 현실성이 있냐는 질문이 많습니다. 저는 충분히 가능하다고 봅니다. 다핵도시를 가능케 하는 '디지털 기술'이 충분히 발달되어 있기 때문입니다. 공유오피스 개념을 적용하면 군이 직장을 옮기지 않아도 직주근접이 가능하다고 봅니다. 이번에 나온 디즈니 영화 〈소울Soul〉은 코로나19로 인해 100% 재택근무로 만들어졌다고 합니다. 디지털 연결만으로도 효율적인 작업이 가능하다는 걸 사람들이 깨닫고 있습니다.

<u>박영선</u> 이제는 도심에 밀집되어 있는 기업도 이주를 희망합니다. 최근 LG와 코오롱은 강서 마곡지구로 이전했습니다. 수변 공원과 같은 녹지 환경은 물론 병원과 같은 의료 환경, 그리고 미세먼지를 빨아들이는 이끼 기둥을 만들 정도로 생태 환경도 잘 갖추어져 있습니다. LG가 R&D 센터를 지으면서 직원들에게 새로운 환경을 제공하니 좋은 결과들이 나오고 있습니다. 현재 LG는 AI(인공지능) 분야의 특허를 세계에서 가장 많이 보유한 기업으로 올라섰습니다.

<u>이경훈</u> 말씀하신 의료도 다핵도시에서는 중요한 요인이 될 겁니다. 노인들이야말로 도심에 살아야 할 대상입니다. 가까운 의료시설과 문화적 혜택 그리고 활동성이 노인들에게 필수적이기 때문입니다. 게다가 수명이 늘어나면서 헬스케어가 커다란 관심을 받고 있습니다. 집중 치료나 진료를

하지 않더라도 보건에 대한 우려를 없앨 수 있는 시설이 가까이 있거나, 기능적으로 그런 역할을 할 수 있는 사람이 근처에 있어야 합니다. 그렇기 때문에 '동네 주치의' 정책은 다핵도시에서 중요한 요소라고 봅니다. '용도복합화'가 필요한 이유이기도 합니다.

박영선 맞습니다. 이 때문에 다핵도시에서는 '의료'와 '돌봄'이 가능한 '예방' 측면의 헬스케어가 초점이 맞추어져 있습니다. 흡사 헬스 컨설팅과 비슷한 개념이 될 것입니다. 직장과 주거, 보건을 보장해 노인과 청년이 시외로 밀려나지 않고 살 수 있는 도시를 만들어야 합니다. 21분 도시 서울은 기본적으로 '분산' 정책입니다. 서울의 어디에 살든 '즐거운 도시, 편안한 도시, 안심할 수 있는 도시'가 될 수 있도록 만드는 것입니다.

현재 '강남 집중현상'이 문제의 시작이라고 생각합니다. 사람이 몰리고 불균형이 일어나고 있습니다. 이것이 분산화되면 다양한 문제의 해결책이 될 수 있습니다. 시민들이 조금 더 좋은 집에 살 수 있도록 하는 게 도시계획정책이라고 생각합니다.

이경훈 이명박 전 대통령의 '뉴타운' 개발과는 확연히 다른 정책입니다. '강북도 강남처럼 만든다'는 계획이어서 '21분 도시 서울' 정책과는 방향이 완전히 다릅니다.

다핵도시는 오히려 최소한의 개입으로 도시를 살리는 '도시침술Urban Acupuncture' 개념과 비슷합니다. 아픈 부위에 최소한의 자극으로 건강을 회복시키듯, 도시개발에서 공공이 최소한의 인위적 개입으로 기대 이상의 효과를 만드는 개념입니다. 공공은 적절한 침과 같은 역할을 하는 겁니다. 점을 하나를 찍으면 주위가 밝아지듯 말입니다. 경의선 철도를 지하화하고 지상을 공원으로 만들어 지역이 살아난 연남동 연트럴 파크가 좋은 예가 될 수 있습니다.

박영선 맞습니다. 공원을 먼저 만들면 사람들이 모여들어 자연스럽게 상권이 만들어지는 것과 비슷하다고 생각합니다. 공공이 나서서 완전히 뒤엎는 것이 아니라 자생적이고 민주적이며 효율적인 도시 재생이 이루어져야 합니다. 현재 한국판 '그린 뉴딜'의 일환으로 세워진 학교들을 개조하는 '그린 스쿨' 정책을 예로 들 수 있습니다. 버려진 폐교 등을 재생 건축을 통해 활용하고자 하는 것이죠. 이것도 설계만 바꾸면 바로 실행할 수 있습니다.

빠른 시일 내에 컴팩트 도시를 만들 수 있는 후보지로는 여의도, 강서 마곡지구, 강동 둔촌지구입니다. 병원과 도서관 등 기본적으로 필요한 요소가 이미 갖추어져 있기 때문입니다. 여의도는 음악당과 같은 문화시설, 강서 마곡지구는 도서관, 강동 둔촌지구는 미술관만 만들어 주면 거의 완전한 컴팩트 도시가 됩니다. 특히 강동 지역은 재생에너지의 모범 도시입니다. 강동 구청부터 둔촌 도서관까지 3중창은 물론 재생에너지 건물을 지어 겨울에도 3층 건물의 전기세가 100만 원도 들지 않는다고 합니다.

넥클리스 이론Necklace theory이란 것이 있습니다. 목걸이처럼 중간에 녹색거점을 만들어 연결하는 것입니다. 경의선 숲길과 같은 선형 숲길을 많이 만들어 '연결'하는 것이 21분 도시 서울의 핵심 프로젝트 중 하나입니다. 서울이 다핵도시가 되면 여러 지역으로 사람들이 분산하는 '탈중앙화'를 실현시킬 수 있습니다. 이제는 환경과 사람을 위해 중앙집중화가 아닌 분산도시화가 필요합니다. 이제 '서울시 대전환'을 이루어야 할 때가 왔습니다.

도심에 대해 깊이 생각하기 시작했던 때가 미국 LA 특파원 시절이다. 그때 인구가 모두 빠져나가 LA 도시가 폐허처럼 바뀌는 것을 지켜보았다. 그 후 도심의 집값이 내려가기 시작했다. 주거를 새로운 개념으로 집어넣고 나니 10년 후 LA는 과거보다 훨씬 더 활기찬 도시가 되어 있었다. 시카고, 뉴욕 할렘가 또한 마찬가지 경우다.

역사적으로 볼 때 흑사병으로 르네상스 시대가 왔고, 스페인 독감으로 조닝을 시작했다. 2021년 역시 100년 전 마차에서 자동차로 변화한 시점만큼이나 큰 변혁의 시대다. 코로나19로 아날로그에서 디지털로 변하는 시점이 더 빨리 다가왔다.

서울도 LA와 같은 시기가 올 거라고 생각했었다. 그리고 코로나19로 그 시기가 확연히 당겨졌음을 느낀다. 지금은 서울의 도심을 살려낼 굉장한 기회다. 모든 것을 공사해 바꾸는 게 아니라 기존의 공간에 숨을 쉴 수 있는 녹색지점을 더해 서울 전체를 변화시킬 수 있다. "사람을 모으고, 걷는 것"이 중요하다.

직주근접 도시의 미래

21분 도시를 만들기 위해서는 '연결'의 힘이 필요하다. 내 삶에 연결된 모든 공간들, 집, 병원, 식료품점, 직장 등이 모두 21분 내에 해결되어야 한다. 이제 서울은 출퇴근, 통학, 여가, 병원, 쇼핑, 공공서비스 등이 21분 권역으로 통합되어 제공되는 새로운 개념의 도시공간이 될 것이다.

다핵분산도시화로 '21분 도시 서울'이 실현된다면 직장과 주거가 하나가 되는 융합 직주형태가 가능해진다. 그뿐만 아니라 숨 막히는 출퇴근길 문제와 강남의 도시집중현상을 해소해 부동산과 임대료 문제를 해결할 수 있다.

코로나 팬데믹으로 활발해진 재택근무가 좋은 사례가 될 수 있다. 집에 머물며 인터넷을 통해 업무를 하는 환경은 오래전부터 예상되었지만 예기치 않게 급히 시행되면서 여러 문제점을 낳았다. 협업을 해야 하는 일은 화상회의 등으로 해결할 수 있었지만 집마다 근무 환경은 천차만별이었다. 특히 비좁은 거주 공간에서 일을 해야 하는 젊은 세대들이 집 근처 카페로 출근하는 현상이 나타났다. 스마트 공유오피스는 좋은 해결책이 될 수 있다. 21분 도시마다 서울시에서 제공하는 사무실이 있고 그곳으로 출근하는 것이다. 물론 걸어서 21분 이내에 출근할 수 있다. 긴 통근 시간을 거치지 않고도 업무에 집중할 수 있는 환경을 공공영역에서 제공하는 것이다.

수직도시정원은 나선형 산책길과 1인 주택, 오피스, 스마트팜을 함께 제공할 것이다. 녹지 공간과 디지털 기술이 결합해 서울을 그린green 생활거점 공간으로 재탄생시킬 것이다. 또한 자급자족하는 건물로 에너지와 자원낭비를 최소화하고 생활 편리성을 최고로 끌어올리는 도시가 될 것이다. 의료서비스 또한 분산될 것이다. 장애인과 어르신들이 시설에 들어가 격리되어 사는 게 아니라 자신의 집에서 헬스케어를 받는 것이 가능해진다. '돌봄천사', '동네주치의' 정책으로 21분 도시에서는 시민들 삶의 질이 대폭 향상될 것이다.

'21분 도시 서울'은 거주기능, 녹색환경, 기본 생활서비스가 통합적으로 구현되는 '환경친화적 도시공간'이다. 출퇴근이나 생활서비스 통행의 수요를 줄여 에너지 소비와 미세먼지를 줄이는 효과도 기대할 수 있다. 토지 이용 측면에서도 도로를 지하화하기에 더 많은 토지를 지상에 확보할 수 있다. 이뿐만 아니라 지상에 녹지공원을 조성하고 수직정원형으로 거주 공간을 제공하는 동시에 스마트팜을 통해 유기농 먹거리 공급이 가능하다.

서울은 주요 7개국(G7) 디지털 경제수도의 전진기지가 될 것이다. 4차 산업혁명 테스트베드가 될 것이기 때문이다. 빅데이터 분석을 기반으로 주요 시설과 서비스 이용의 최적 접근 구조를 구현하는 스마트시티를 구현할 수 있다면 디지털 혁명을 선도하는 미래형 일자리 창출이 가능하다. 또한 서울은 굉장한 성장거점으로 거듭날 수 있다.

서울은 또한 소상공인 친화적 균형발전의 거점도시가 될

것이다. 강남이나 도심 등에 집중된 발전 방식이 아니라 지역 단위의 경제 활성화를 꾀할 것이다. 이로써 소상공인의 경제 활력을 증진시키고 주거문제를 해소하면서 지역경제권 발전을 선도할 수 있다.

21개의 다핵분산도시가 되면 빠른 시일 내에 서울은 위기 대응과 회복력이 강한 도시로 거듭날 것이다. 현재의 단핵고밀도시 구조는 코로나19 등과 같은 위기 대응에 취약하다. 그러나 21분 컴팩트 도시는 다르다. 단순 고밀보다는 높은 효율성, 단핵보다는 다핵 분산 그리고 미래형 회복력resilience을 중시하는 도시로 재탄생될 수 있다.

마지막으로 서울은 미래 신세대 생활양식을 구현하는 공간이 될 것이다. 서울의 주축인 1~2인 가구는 '올 인 빌'(All in Ville, 모든 활동이 도보권 동네에서 이루어짐)을 추구하는 경향이 두드러진다. 이들 가구 중 대부분이 1990년대 후반 이후 태어난 신세대이기에 서울은 이에 부합하는 도시로 재구성될 것이다.

여의도가 컴팩트 도시가 된다면

나는 서울시장 보궐선거 출마를 선언하면서 '21분 도시 서울'의

'컴팩트 compact 도시'를 제안했다. 서울 안에 분산화된 작은 도시 들을 만들어 도시 공간의 대전환, 경제의 대전환, 아이 돌봄과 교육의 대전환, 소외계층 생애 맞춤형 복지의 대전환 등 '서울 대전환'의 핵심 기제로 쓰고자 한다.

컴팩트 도시 여의도는 21분 이내의 교통거리에서 직장, 교육, 보육, 보건의료, 쇼핑·여가, 문화가 충족되는 새로운 도시다. 앞으로 5년 이내에 완공될 것이다. 21개의 다핵분산도시를 만들면 코로나19 이후 안전과 공정이 보장되는 새로운 서울이 될 것이다. 여의도는 바로 작은 '21분 도시 서울'이 되는 것이다.

우선 국회의사당에서 동여의도로 향하는 도로를 지하화하면서 그곳에 보다 넓은 공원을 만들고 도시농부의 삶이 가능하도록 수직정원 스마트팜을 만들 것이다. 여의도에 살고 있는 시민들이 채소 등을 길러 먹거리를 해결할 수 있을 정도의 규모다. 시민들은 수직정원 스마트팜에서 운동하고 채소를 가꾸며 삶, 먹거리, 운동, 헬스케어를 동시에 해결할 수 있을 것이다. 또한, 이곳에 1인 가구텔도 들어가 주택 문제도 해결할 것이다.

국회를 이전하게 된다면, 국회의사당을 세계적 콘서트 홀로 리모델링할 것이다. 의원회관은 청년창업주거지로 소통관은 창업허브로 탈바꿈하여 21분 안에 모든 것을 즐기고 일할 수 있는 21분 도시 서울을 완성할 계획이다.

21분 도시 서울의 발표 후 후보지 도시로 창동을 방문했다. 세계적인 음악 도시로 조성하고 있는 곳이다. 원래 문화적으로 낙후되었던 곳이었으나 마중물 사업으로 6년 전부터 지원을 받아 다양한 장르의 음악 뮤지션들을 지원하고 전문 인력을 육성하고 있다.

오래된 도시는 새로운 음악의 메카로 조성될 것이다. 여기에 수직정원을 적용하면 1인 가구, 1인 일터, 주거와 공원을 동시에 해결하는 셈이다. 가능할 거라 본다. 10년 동안 이곳을 위해 애쓰신 분들의 노고로 창동은 잠재력이 축적되어 있다. 비용도 절감되면서 삶의 질이 높아질 것이다.

코로나19 이후 서울은 디지털 경제 시대를 선도하는 도시, 전 세계에 위안과 희망을 주는 도시가 될 것이다. 플랫폼 경제에서 프로토콜 경제가 실현되어 권력의 분산화가 이루어지고, 주거 문제에서는 다핵도시가 실현되어 주거의 분산화가 이루어진다면 서울은 그야말로 살기 좋은 글로벌 디지털 경제 수도로 자리매김할 것이다.

100년 서울을 위한 큰 계획

'21분 도시 서울'은 세계적인 변화의 시작점에 있다. 얼마 전 뉴욕 시장 후보인 숀 도너번Shaun Donovan이 '15분 도시' 공약을 내세웠다는 소식이 들려왔다. 그는 오바마 행정부에서 주택도시개발장관을 역임한 사람으로 이번 11월에 치러질 뉴욕시장 선거에서 유력한 후보로 거론되고 있다. 그는 출마선언에서 도보 15분 내에 모든 생활 인프라를 구성하겠다고 주장했다. 출마선언문에서 "모든 주민이 좋은 학교, 빠른 대중교통, 신선한 음식을 구하고 공원에서 산책을 즐길 수 있는 '15분 거리' 뉴욕을 재건하겠다"고 발표했다. 이를 '15분 이웃'이라고 이름을 붙였다.

'15분 이웃'은 도시의 환경과 이웃과 '연결'되어 시민들이 행복한 삶을 살 수 있도록 하는 정책이다. 이러한 공약은 프랑스 파리의 '15분 파리', 스페인의 '9분 바르셀로나', 미국의 '20분 디트로이트', 호주의 '20분 멜버른' 그리고 '21분 도시 서울'과 맥을 같이 한다.

조경진 교수는 나에게 안 이달고 파리 시장의 '15분 파리'의 개념을 깊이 있게 연구하기를 권했다. 현재의 21분 도시 서울의 성공을 위한 시사점이 많다는 이야기였다. 마드리드, 밀라노, 오타와, 시애틀 등 세계적인 대도시에서 유사한 플랜을 구상 중이

한국조경학회장 조경진 서울대 환경대학원 교수와 대담을 나누는 박영선 전 장관

라는 말도 덧붙였다. 나도 '15분 파리'가 팬데믹 이후 미래 도시가 가야 할 방향을 제시한다는 점에 공감했다.

　'15분 파리' 정책의 핵심은 첫째, 파리를 '근거리 서비스'에 기반한 도시로 만드는 것이다. 도보 15분 이내에 서점, 식료품, 학교, 문화시설, 의료 시설 등 모든 공공서비스를 접할 수 있도록 도시를 재조직하는 것이다. 둘째, 친환경 정책의 일환으로 '도보와 자전거 중심'으로 통행하는 도시를 만드는 것이다. 현재 프랑스 파리는 도로 다이어트로 생긴 공공공간에 숲과 공원을 조성하는 프로젝트를 추진하고 있다. 셋째, 다양한 소득계층을 고려한 차별화된 주택공급으로 '연대의 도시'를 만드는 것이다. 마지막으로 '모두가 평등한 파리'를 만드는 것이다. 공평한 권리와 기회를 부여하는 도시를 실현시킨다는 '15분 도시'에는 파리시장의 도시 비전 세 가지 키워드인 생태·연대·건강의 가치가 담겨 있다.

'15분 파리'도 '21분 도시 서울'도 결국은 도심에 사는 시민들의 '삶'이 달라지기 위한 노력의 일환이다. 지구를 파괴하고 더럽히는 삶이 아니라 환경과 연결되고 상생하는 삶, 그리하여 공존하는 삶을 만들기 위함이다.

서울은 이미 좋은 자연과 풍부한 문화적 인프라를 가지고 있다. 박원순 시장 시절, 다양한 도시재생 사업을 진행한 덕에 이를 연결하는 커다란 축의 '연결'만 이루어질 수 있다면 서울은 재탄생될 것이다. 100년 전 지금의 시카고를 설계했던 다니엘 번햄 Daniel Burnham 의 말처럼, 이제는 100년 서울을 위한 큰 계획을 세우고 실행할 때다.

작은 계획을 세우지 말라.
작은 계획에는 사람의 피를 끓게 할 마법의 힘이 없다.

큰 계획을 세우고, 소망을 원대히 하여 일하라.

- 다니엘 번햄

서울시 대전환, 이제 시작이다. 우리는 매 순간 길을 새롭게 개척했다. 그 과정에서 우리 자신도 더 성장했다. 코로나19로 혼란스러운 과도기가 찾아왔지만, 새로운 삶의 방식을 고민하고 우리의 성장 잠재력을 믿고 키워야 한다. 세상을 바꿀 방법은 추상적인 큰 문제에서 시작해 실용적인 질문으로 내려오는 법이다. 미래의 서울을 향해 시민들의 피부에 와닿는 실질적인 정책으로 하나씩 바꾸어나갈 것이다.

"우리는 환경이 바뀔 때마다 끊임없이 반응하고 싶어 한다. 농부가 밭에 영향을 미칠 상황을 예의 주시하듯이…."

마이클 푸엣 교수의 동양철학 강의를 책으로 펴낸 《더 패스 The Path》에 나오는 말이다. 이 말처럼 새로운 서울을 만드는 우리 모두의 마음은 농부 같아야 한다. 나는 적극적이고 계획적인 농부가 되어 코로나19가 불러온 추운 겨울을 견뎌내고 따뜻한 봄날에 싹을 피울 텃밭을 끊임없이 만들어나갈 것이다.

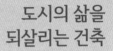

센트럴파크를 수직으로 세운다면

우리는 매일 대기 오염과 미세먼지에 시달리고 있다. 사람들은 깨끗한 공기에 목이 마르다. 마음 놓고 숨을 쉴 수 있는 도시 공간이 필요하다. '숨'을 쉬어야 '쉼'이 있는 인간적인 삶을 영위할 수 있다. 우리 모두는 더 나은 공기를 위해 함께 노력해야 한다. 이 또한 다음 세대를 위한 현 세대의 책무다. 이 상태라면 환경은 나아지지 않고, 계속 나빠질 것이다. 공간과 시스템을 바꿔야 한다. 문제는 '어떻게 하느냐'다.

나는 2018년 제7회 전국동시지방선거 운동 기간에 '수소 경제도시'에 관한 주장을 펼친 적이 있다. 전기차뿐만 아니라 수소차를 지원하면 도시의 공기 정화에 큰 도움이 될 거라 이야기했지만, 안타깝게도 현실성이 없고 위험하다며 반대하는 목소리가 높았다. 그러나 불과 2년 만에 상황이 달라졌다. 사람들이 수소차를 타고 다니고 있다. 반대했던 사람들의 생각보다 새로운 시대가 훨씬 빠르게 다가온 것이다.

자연과 공존하는 환경을 가진 도시 서울에 대해 고심하던 중 다보스 포럼에서 건축 디자인 회사 ㈜초힐로에이플러스유 조신형 대표의 발표를 보게 되었다. 나와 비슷한 고민에서 나온 새로운 아이디어라는 생각이 들었고 연락을 해서 그를 만났다. 조신형 대표는 자칭 현실과 이상 사이에서 혁신적인 건축상을 제안하는 사람이다. 그의 말 중 가장 공감되었던 부분은 도시재생 사업에서는 "나무가 중요한 역할을 한다"는 것이었다.

조신형 대표는 랜드마크를 만들어내는 방식에 있어서도 나와 생각이 비슷했다. 그는 자연과 조화를 이루면서 도시의 다양한 개체를 어떻게 순환시킬 것인지 고민하고 있었다. 전기와 에너지는 계속 소비해야 하고, 그에 따라 공해는 어쩔 수 없이 계속 발생할 것이다. 그러나 공해를 최소화시키는 방안도 분명히 있다.

조신형 대표는 건축이 그 방안을 제시해야 한다고 말했다. 그가 제안한 아이디어는 '수직정원'이었다. 나는 그의 아이디어를 듣고 수직정원을 도시로 확대시켜 사람도 살게 하자는 취지에서 '수직도시정원'이라고 이름을 붙였다. 나는 조신형 대표와 함께 '수직도시정원'을 구현하는 방안에 대해 깊이 있는 논의를 나누었다.

박영선 조신형 대표의 아이디어가 도심에 수직정원을 세우는 것인데 굉장히 좋은 아이디어라고 생각합니다. 깨끗하고 시원한 공기를 만들고 사람들에게 공간을 제공하는 수직정원이 도심 곳곳에 생기면, 상징성도 생기고 서울의 랜드마

대담을 나누는 박영선 전 장관과 조신형 대표

크가 될 것 같다는 생각이 듭니다. 먼저 규모를 작게 시작해 현실화해보는 건 어떨까요?

조신형　도시의 공기를 정화하는 수직정원을 만드는 일은 고밀도화된 도시에서 공원을 수직화해 랜드마크를 만들고, 관광용이 아닌 공기정화 시스템으로 기능할 수 있게 만들자는 겁니다. 공원도 비슷한 역할을 하고 있지만, 수직정원은 나무에서 형성된 그늘이 '바람의 길'을 만들어 서울 시내의 뜨거운 공기를 시외로 나가게 하는 패시브 시스템 passive system 이 특징입니다. 나무 한 그루가 1년에 35.7그램의 미세먼지를 흡수합니다. 2제곱킬로미터 면적에 3만 6천 그루의 나무가 있으면 1년에 1.2톤의 미세먼지를 흡수하고 9만 톤의 이산화탄소를 흡수합니다. 그리고 6만 4,800톤의 산소를 만들어낼 수 있습니다.

중국 베이징에도 이런 녹화綠化 건물의 선례가 있습니다. 그러나 수직도시정원은 단순한 녹화 건물이 아닙니다. 예를 들면 미국 뉴욕의 센트럴파크 Central Park 에는 1만 4천 그루의 나무가 있습니다. 나무 한 그루는 1년에 산소 1.8톤을 만들고 이산화탄소 2.5톤과 미세먼지 35.7그램을 흡수합니다. 확대 효과를 나무의 집합군으로 하는 것이기에 그

린벨트와는 다른 개념입니다.

59.1제곱킬로미터의 맨해튼은 적어도 20제곱킬로미터의 그린벨트가 필요합니다. 센트럴파크 6배의 크기죠. 그만큼 그린벨트를 늘리면 좋겠지만, 인구밀도가 높은 서울과 같은 도심 환경에서는 불가능합니다. 서울은 맨해튼보다 4배나 넓고 도쿄와 요코하마 다음으로 큰 메트로폴리탄 시티로 60만 개가 넘는 빌딩과 1,000만 명이 넘는 사람들이 있으니까요.

서울 도시 계획을 세우면서 문득 센트럴파크를 수직으로 세우면 어떨까 하는 생각을 했습니다. 말 그대로 센트럴파크를 수직으로 세우는 콘셉트입니다. 센트럴파크의 4분의 1 정도의 나무를 이용해 시너지 효과를 만들어내는 것이지요. 공기를 정화하기 위해 여기서 어떤 방식으로 솔루션을 만들 것인지가 중점 과제입니다. 심은 나무를 집합적^{collective}으로 활용하면 미세먼지의 자연적인 정화율이 굉장히 높아집니다.

<u>박영선</u> 조신형 대표가 말하는 수직정원의 비슷한 예로 최근 뉴욕 맨해튼에 생긴 특이한 조각공원을 들 수 있을 것 같습니다. 바로 '베슬^{Vessel}'이라 불리는 전망대 빌딩입니다. 이 빌딩의 특징이 나무가 없다는 것인데요. 허드슨강 쪽 창고자리를 개발하면서 조각품 공모전을 열어 건축된 빌딩이라고 알고 있습니다. 주민들은 곡선 계단을 하나씩 오르면서 맨해튼 전경을 운동하며 즐길 수 있어요. 이 건물 중간에 나무를 심는다면 수직정원 구상과 비슷할 것 같습니다.

조신형 대표가 말씀하신 수직도시정원의 장점은 주거가 가능한 것이라고 봅니다. 4인 가구가 넘는 다자녀 가구는 현실성이 없지만, 1인 가구 또는 신혼부부 주택이면 가능할 거라 생각합니다. 건물을 돌면서 올라가도록 설계하고

한 층에 3개 정도 구축이 가능할 것 같습니다. 거주하면서 공원도 즐기고 스마트팜에서 농작물도 가꾸는 방식도 가능하지 않을까 합니다.

사람이 살 수 있는 수직도시정원의 후보지로는 구로기지창이 적합하지 않을까요? 구로기지창은 지역특성을 살려 스타트업 허브로 계획하고 있습니다. 만약 국회가 이전한다면 여의도 스타트업 타운도 만들 수 있을 테고요. 미래의 서울을 대표하는 상징물이 될 겁니다. 이곳에 스마트

미국 뉴욕 맨해튼에 있는 '베슬' 전망대

출처: https://commons.wikimedia.org/w/index.php?curid=77449661

팜(비닐하우스·유리온실 등에 정보통신기술을 접목하여 원격·자동으로 작물의 생육환경을 적정하게 유지·관리할 수 있는 농장)을 함께 집어넣는 아이디어도 가능하지 않을까 합니다. 이것이 가능하다면 도시농부가 많이 생겨날 것입니다. '내가 기른 농작물을 내가 먹는다'는 취지로 안전한 먹거리 제공도 가능하지 않을까요.

조신형   말씀하신 구로기치창을 예로 들면, 175미터 정도 높이의 30~40층 건물에 나무는 2,400그루 정도를 포함한 디자인을 할 수 있습니다. 이 건물이 현실화되면 1,500명 정도를 고용하고 이들이 근무하는 장소가 됩니다. 만약 여기에 스마트팜 시스템까지 더한다면 이산화탄소 배출을 줄이고, 밀집인구를 분산시킬 수 있다고 생각합니다. 수직도시 정원에 스마트팜을 내부화시켜서요.

박영선   영국의 킹스크로스역이 좋은 예시가 되겠네요. 3단계 개발을 참고할 수 있을 것 같습니다. 킹스크로스역에 내리면 집까지 걸어서 15분입니다. 근처에 구글 영국 본사가 있고 유로스타의 출발역이기도 합니다. 기차를 타고 유럽 어느 곳이든지 이동할 수 있지요. 일과 삶, 주거, 문화가 공존하는 곳이라 생각합니다. 서울에서도 적당한 부지에 복합 건물 개념으로 지으면 세계적으로 유명한 서울의 랜드마크가 될 것 같습니다.

조신형 수직정원을 만들 수 있는 곳은 많습니다. 도시재생의 관점에서 그린존green zone 을 확대해나가는 것이 중요합니다. 현재의 공원 면적에서 2배만 넓어지면, 서울 시내의 공기가 달라질 겁니다. 현재는 100제곱킬로미터가 공원으로 조성되어 있지만 더 이상 공간이 없는 것이 문제입니다. 그렇기 때문에 수직도시정원이 필요합니다. 건물 또한 황금비율로 바람이 통하도록 설계하면 훨씬 더 살기가 좋아집니다.

박영선 현재 서울은 '바람의 길'이 막혀 있습니다. 서울의 종묘는 남산까지 한 축을 이루는데 현재 세운상가 자리가 바람이 통할 수 있는 공원이 있어야 할 장소입니다. 남산에서 용산공원으로 걸어 내려가는 길이 바람 길인데, 외세가 지배하면서 그 길이 막혀버렸습니다. 그뿐인가요. 강남 또한 무분별하게 개발되면서 자연의 흐름을 고려하지 않은 건물이 빼곡히 들어서 있습니다. 그럼 공원을 어떻게 만들어야 할까요? 저는 서울 곳곳 도로 위에 수직정원을 세우면 좋겠습니다.

수직정원에 대한 아이디어를 검증하기 위해 현 조경학회 회장인 서울대학교 환경대학원 조경진 교수에게 조언을 요청을 한 적이 있다. 조 교수는 기술적으로 실현 가능하다고 했다. 다만, 고층에 식재를 할 경우 쉽게 건조해지기 때문에 이를 위한 관수와 섬세한 관리가 필요하며, 서울의 기후에 적합한 식물을 선정해야 한다고 말했다. 조 교수는 서울의 기후가 외국과 비교해 좋은 조건은 아니지만 충분히 구현 가능하다고 말했다. 수직정원 개념은 이미 기술적으로 검증되었다며 세계의 다양한 사례를 소개해주었다. 그중 한 사례가 밀라노의 버티컬 포레스트Vertical Forest다.

이탈리아 건축가 스테파노 보에리Stefano Boeri는 밀라노의 중심지에서 약간 떨어진 포르타 누오바Porta Nuova 지역에 밀라노 버티컬 포레스트를 설계했다. 건물 전체를 식물이 둘러싸고 있는 듯한 이 건물은 2014년에 완공된 2동으로 이루어진 주거용 건물이다. 각각의 높이가 112미터와 80미터로 밀라노의 랜드마크로 자리매김했다.

이곳에는 8,000그루의 나무와 4,500그루의 관목 그리고 1,500종의 다양한 식물이 분포되어 있다. 그는 현대 도시에 새로운 생명력을 부여하고 도시 내 녹지공간을 확대해 미세먼지와 기

밀라노 버티컬 포레스트
출처: shutterstock

후 문제를 완화하고자 했다. 이 건물을 설계할 당시 식물학자, 원예가, 조경가, 구조전문가 등 다양한 분야의 전문가들과 협력했다고 한다. 그는 현재 알바니아의 수도 티라나^{Tirana}에 'Trirana 2030 Master Plan'의 일환으로 버티컬 포레스트를 짓고 있다.

조 교수는 또 다른 예로 일본 오사카에 있는 난바 파크^{Namba Park}를 알려주었다. 도심 속 정원이라는 콘셉트로 옥상정원을 조성한 이곳은 옥상 녹화사업만으로 자연적으로 냉방비가 절감되고 있다. 여름철 기온이 섭씨 31.1도일 때 옥상에서 녹화된 곳과 수목이 없는 콘크리트 온도는 각각 29.2도, 45.6도였다. 같은 지역인데 무려 16.4도 차이가 나며 연간 약 2만 6천 킬로와트의 전력을 절약

한다. 또한 4.4톤의 이산화탄소를 감소시키는 효과가 있다.

이처럼 도심 속의 녹지는 환경뿐만 아니라 실제 생활에도 큰 변화를 가져온다. 자연 녹지는 연결될 때 큰 힘을 발휘한다. 따라서 서울의 경우, 부분적으로 끊어져 있는 녹지를 연결하여 촘촘한 그린웨이를 구축하는 일이 시급하다. 이 일은 이미 전 세계적으로 실행되고 있는 환경정책이다. 좀 더 노력하면 서울은 세계적으로 앞서가는 그린웨이도시가 될 수 있다.

수직정원을 많이 지었던 중국 쓰촨성 청두에 있는 '숲아파트'의 실패를 반면교사로 삼아야 한다. 숲아파트가 실패한 이유는 기후와 생태에 대한 연구가 부족했기 때문이라고 생각한다. 서울의 새로운 미시적 도시생태계 조성은 계획 단계에서부터 식물학자, 생태학자, 원예가, 조경가, 건축가, 엔지니어 등 많은 전문가가 함께 연구하며 만들어나가야 한다는 게 내 생각이다. 시범사업을 거쳐 철저한 검증이 필요할 것이다.

수직정원은 입체적으로 녹지를 확보할 수 있는 미래지향적 아이디어다. "수직정원을 포함한 '탄소제로도시'를 실현시키기 위한 전방위적이고 장기적인 대책을 마련해야 한다"는 조 교수의 의견에 전적으로 동의한다. 앞으로 100년, 서울은 '연결의 힘'을 통해 완전한 탄소제로 도시, 생태계가 살아 숨 쉬는 친환경 도시가 되어야 한다.

도시 랜드마크의 개념을 바꾸자

건축가 노먼 포스터 Norman Foster 는 영국이 자랑하는 3대 건축가 중한 사람이다. 영국인인 그가 독일연방의회 의사당을 재건축해 화제가 되었던 적이 있다. 런던시청을 설계했던 그는 조신형 대표의스승이기도 하다.

노먼 포스터가 설계한 독일연방의회 의사당은 민주주의정치를 상징하는 디자인을 적극적으로 채택해서 화제가 되었다. 꼭대기에 유리 돔을 설치해 시민들이 돔 위를 걸으며 회의 중인의원들을 내려다볼 수 있도록 설계한 것이다. 유리돔을 통해 국회의원들을 감시하는 시스템이다. 또한 '국민의 발아래 국회의원들이 있다'는 상징성이 더해졌다.

그가 설계한 런던시청도 유사한 돔의 형태를 가지고 있다. 런던시청은 본디 자체 건물을 가지고 있지 않았다. 2002년 자체건물을 건설하기로 결정할 당시 런던시가 내세운 중요한 조건은런던에서 가장 빈민가에 자리를 잡겠다는 것이었다. 그래서 템즈강 남쪽 타워브리지 부근 서더크가 부지로 낙점되었다.

런던시는 청사를 빈민촌에 세워 주변 일대를 변화시키겠다는 목표를 세웠다. 그리고 목표에 따라 도시재생 사업을 통해범죄가 들끓던 템즈강 주변과 타워브리지 부근을 산책공원으로 완전히 탈바꿈시켰다. 공공기관이 이전하면서 도시재생으로 긍정적인 효과를 극대화시킨 사례다.

'유리달걀'이라는 별칭이 붙은 런던시청은 친환경 건물로도 유명하다. 태양열 지붕으로 만들어진 재생에너지를 사용하도록 설계되었다. 또한 자연통풍 방식을 이용해 겨울에 따뜻하고 여름에는 시원한 건물이 되었다. 달팽이 모양의 타원형 계단과 사무실을 가운데에 배치해 바람의 길을 여실히 이용한 것이다.

두 건물을 떠올리면 '랜드마크란 무엇인가' 생각해보게 된다. 우리가 살고 있는 서울은 어떠한가? 유구한 역사를 지닌 서울을 대표하는 랜드마크를 만들 수는 없을까? 서울은 역사를 바탕으로 한 도시재생을 통해 새롭게 태어나야 한다.

우리나라의 랜드마크였던 역사적인 건축물 중에는 명동성당이 있다. 어릴 때 보았던 명동성당은 충격적일 정도로 높게 느껴졌다. 언덕 위에 세워진 명동성당은 서울 어느 곳에서도 잘 보였다. 그 시대에 일종의 랜드마크 역할을 한 것이다.

또 명동성당은 단지 종교적인 장소가 아니라 민주화의 성지이기도 했다. 명동성당은 1905년 이후 줄곧 시대마다 역사적인 장소로 묵묵히 서울을 지켜왔다. 오랫동안 불의와 독재에 맞서 싸우던 성직자들과 민주화 운동의 본거지로서 역할을 수행했다. 수많은 민주투사의 피로 지켜온 우리나라 민주주의의 상징적인 장소다. 현재는 시민운동의 장으로 여전히 서울을 지키고 있다.

프랑스의 랜드마크인 루브르 박물관 앞 유리 피라미드는 많은 논란에도 불구하고 세계인을 루브르 박물관으로 끌어들였다. 유서 깊은 파리의 궁궐에 현대의 새로움을 더해 현 세대들과 소통할 수 있는 연결을 만들어주었다. 과거에 죽은 역사가 아닌 현대에 살아있는 건물의 이미지를 사람들의 뇌리에 깊이 남겼다. 이와 같은 상징성이 현대의 랜드마크에도 필요하다고 생각한다.

그런 의미에서 수직도시정원은 2050년 미래의 희망을 담은 랜드마크가 될 수 있다고 본다. 랜드마크는 '더 높이' 세운 고층 건물이거나 관광객이 모여드는 곳이 아니다. 랜드마크는 '시대의 가치'를 담은 건물이다. 이 시대의 랜드마크는 자연과 더불어 성장할 수 있는 장소이며 사랑하는 사람과 즐길 수 있는 장소가 되어야 한다.

더불어 이 시대의 가장 중요한 가치인 '친환경성'에 있어서 2050 탄소중립 프로젝트(앞으로 30년간 온실가스 배출량을 줄여나가 2050년에 순배출량을 제로^{zero}로 만든다는 계획)의 상징으로 랜드마크가 될 수 있다. 서울이 탄소중립 도시를 선언하면서 수직도시정원과 스마트팜을 연결한다면 상징성만으로도 세계적으로 인정받는 도시가 될 것이다.

소통과 공존의
컴팩트 도시

도시농업 시대를 여는 스마트팜

"농사는 거짓말을 하지 않는다. 뿌린 대로 거둔다."

그린랩스Green Labs 신상훈 대표의 말이다. 그린랩스는 스마트팜 농작물의 생산과 유통, 판로 개척 등에 대해 데이터를 기반으로 한 농업포털서비스를 제공한다. 또 적은 인력과 시간으로 전문가처럼 능숙하게 농사를 지을 수 있는 디지털 기술을 개발하고 지원한다. 원래 펀드매니저였던 신상훈 대표는 농사의 매력에 빠져 스마트팜이라는 새로운 일을 시작했다. 그는 이 일이 젊은층에게도 매력적인 블루오션이라고 생각한다.

현재 스마트팜은 블루오션이 맞다. 귀농 추세가 높아지고 있지만 성공률이 낮기 때문이다. 귀농한 청년들이 농사가 얼마나 힘든지 모르고 실패하는 경우가 많다. 이 회사의 주요한 역할 중 하나가 토지에 대한 개별 농작물 컨설팅이다. 이런 농촌 데이터 플랫폼을 이용하면 성공 확률을 높일 수 있을 거라 생각한다.

나는 도시재생 사업을 더 현실성 있게 고찰하기 위해 조신형 대표와 신상훈 대표를 만나 대담을 나누었다.

초힐로에이플러스유 조신형 대표(위), 그린랩스 신상훈 대표(아래)

신상훈 네덜란드는 농업을 제일 잘하는 나라로 알려져 있습니다. 네덜란드에서는 현재 농산물을 꼭 지방에서 키워야 하는 지에 대한 논의가 이루어지고 있습니다. 땅값이 저렴하다는 사실 외에 농촌에 특별한 이점이 없기 때문입니다. 농촌은 도시보다 물류비가 비싸고 노동력도 부족합니다. 반면 도시 근처는 노동력이 풍부할 뿐 아니라 물류비용, 배송비용, 보관비용도 줄일 수 있습니다. 도시 근처나 도시 내부에 농장, 텃밭, 스마트팜이 있다면 더 효율적인 농업이 가능합니다.

서울시에서 작성한 50페이지 농업 관련 보고서가 있습니다. 그 보고서에 따르면 스스로 '도시농부'라고 칭하는 사람이 190만 명 정도이며 지난 10년간 10배 정도 증가했습니다. 문제는 이 사람들이 받을 수 있는 농지가 없다는 겁니다. 수요가 많은 데 비해 기존 방식의 농지 공급은 한계가 있습니다.

조신형 대표의 의견대로 수평이 아니라 수직적으로 구현하면 여러 문제를 해결할 수 있을 거라 생각합니다. 예를 들면 뉴욕에 있는 베슬과 같은 건축물에 식물을 심을 수 있는 공간을 확보하고 이를 IoT^{사물 인터넷}에 연결하면 도시에서 농업을 하고 싶은 사람에게 분양을 할 수 있는 구조가 됩니다.

IoT가 가능하면 다마고치(기계 안에서 가상의 애완동물을 키우는 게임)처럼 반려식물을 계속 지켜보면서 치유와 힐링을 얻을 수도 있습니다. 농업은 경제적인 측면뿐만 아니라 심리적인 측면으로도 바라보아야 합니다. 미관적으로 아름다우며, 치유 기능이 있어 삶의 질을 높여주는 것이 스마트팜의 장점이라고 봅니다. 부수적인 효과로 범죄율이 낮아질 수도 있겠지요. 물론 경제적인 동인을 얻을 수 있다면 더욱 좋을 겁니다.

이와 관련된 또 다른 아이디어는 오프라인 마켓시설을 이용하는 겁니다. 현재 코로나19의 여파로 중대형 마켓이 장사가 안 되어 퇴점하는 경우가 많습니다. 그런데 규모가 큰 마트의 경우 20~30년 동안 장기 임대차계약을 맺은 경우가 있어 이를 처리하기 힘든 상황입니다. 도심 한가운데 있어, 주거 근접성이 좋고 판매와 주차 시설도 구비되어 있어 활용 방안을 고민하고 있습니다.

이를 스마트팜과 연계해 지역 주민들에게 분배하고 농산물을 판매까지 원스톱으로 가능케 하면 어떨지 생각했습니다. 분양 받는 사람에게 치유와 같은 심리적 보상이나 경제적인 보상이 주어진다면, 충분히 가능성이 있다고 생각합니다. 실제 서울 지역 도시농업의 경우 초등학교에 텃밭을 분양하는 모델이 실행되고 있으나, 여전히 텃밭은 부족하고 농사짓고 싶은 사람은 많습니다.

서울시의 마스터플랜에서 도시농업을 장려할 때 고려할 사항이 하나 있습니다. 도시농업 하면 텃밭을 생각하는데, 텃밭은 관리가 잘 되지 않습니다. 농약이나 비료를 잘못 쓰면 환경오염이 되는데, 관리가 제대로 되지 않아 녹지율이 감소한다는 분석도 있습니다. 따라서 수직도시정원에 스마트팜을 구상한다면 녹지와 텃밭을 구분해서 생각해야 합니다. 녹지화는 빽빽한 나무숲이 필요하나, 텃밭은 사람이 지나갈 공간이 필요하기에 녹지율이 오히려 떨어질 수 있습니다.

생산물의 소비적인 측면도 고려되어야 합니다. 도시농업의 경우 의외로 가정 내 소비가 어려워서 처치 곤란이 될 때가 많습니다. 처음부터 판매까지 염두를 두고 전체를 보고 계획을 세워야 합니다. 그렇지 않으면 자원을 낭비하게 됩니다.

박영선 서울은 아파트 단지 위주로 되어 있지요. 수직정원을 만들고, 스마트팜, 스마트공방 등을 함께 적용하면 가내수공업 플랫폼에서 판매도 가능할 것 같습니다.

<u>조신형</u> 아파트 상가가 땅값이 비싼 곳에 위치하고 있으니 아파트 상가를 수직정원 개념으로 만들면, 더 효율적으로 활용할 수 있지 않을까 하는 생각이 듭니다.

바람의 길을 만들자

<u>박영선</u> 기존의 구조에서도 적용할 수 있는 아이디어네요. 신축단지뿐만 아니라, 기존 아파트 단지 내에 수직정원을 활용해 새로운 커뮤니티 시설을 만들 수 있을 것 같네요.

<u>조신형</u> 요즘 노인정, 정자 등을 무너뜨리는 공사를 많이 목격했습니다. 녹지 공간을 활성화하기 위해서는 커뮤니티 시설과 프로그램을 구축하는 것이 중요합니다. '바람의 길'을 만드는 것은 큰 그림이지만, 아무도 쓰지 않는 정자를 이용하는 작은 아이디어부터 실현시킬 수 있습니다. '작은 바람의 길'이 녹지축 green axis 을 만들어줄 수 있는 거지요. 시내에 막혀 있는 공기를 어떤 형태로든 밖으로 나가게 하는

것으로 공기를 청정하게 만들자는 취지니까요.

1980~90년대는 아무도 노천카페를 가지 않았지만, 요즘은 노천카페를 더 선호합니다. 이런 트렌드는 커다란 문화적 변화가 있다는 걸 보여주고 있습니다. 전기를 많이 소비하는 액티브 시스템^{active system}에서 이를 최소화하는 패시브 시스템을 점차 확대하는 문화적 환경이 만들어졌다고 봅니다.

<u>박영선</u> 이 아이디어는 아파트 단지뿐만 아니라, 낙원상가와 같은 장소에도 적용할 수 있을 것 같습니다. 낙원상가가 수직정원이 된다면 사람들에게 사랑받는 공간이 될 수 있을 겁니다.

<u>조신형</u> 그 또한 가능하다고 봅니다. 지금은 작은 아이디어부터 시작할 수 있다고 보는데요. 120개 가구, 2,400가구, 36,000가구 등 공간에 따라 다양한 아이디어를 도입할 수 있습니다. 똑같은 건축 재료를 가지고도 나무 하나로 미세먼지를 흡수하는 정도를 다양하게 만들 수 있습니다. 수직정원에 미세먼지를 분해해주는 건축 재료를 사용하고자 합니다. 서울 시내에 부분적으로라도 마감재로 쓴다

대담을 나누는 조신형 대표, 박영선 전 장관, 신상훈 대표

면, 미세먼지를 줄이는 역할을 할 수 있습니다. 바로 축광재(photo luminescent, 빛을 저장하는 물질)와 광촉매(photo catalyst, 햇빛을 받는 물질, 공기 속 독성을 인체에 무해한 물질로 분해함)입니다. 나무처럼 햇빛에 작동하고 1회 설치로 반영구적으로 사용할 수 있어 필터가 필요하지 않습니다.

햇빛을 받아야 반응하는 자재이지만 야광 재료를 첨가하면 야간에도 기능을 합니다. 축광재 물질은 빛을 저장해 점차적으로 빛을 방출하는데요. 야광별 스티커라고 생각하시면 됩니다. 축광재 물질과 광촉매가 결합하면 3배의 효과가 있습니다. 이 결합된 물질을 건물 전면 표면에 적용하면 미세먼지를 분해하고 공기를 정화하는 효과가 생기는 겁니다.

24시간 동안 미세먼지를 30~40% 줄여주는 역할을 하므로, 건물 주변 반경 10미터 정도의 공기가 좀 더 정화되는 효과가 있습니다. 나무 하나보다는 친환경 건물들이 집합군을 이루면 거대한 파라솔 효과가 생겨서 더 좋은 효과가 발생할 것입니다.

연구 결과에 따르면 나무는 집합군의 시너지^{collective synergy}가 훨씬 크다고 합니다. 수직정원으로 커다란 녹지축을 만

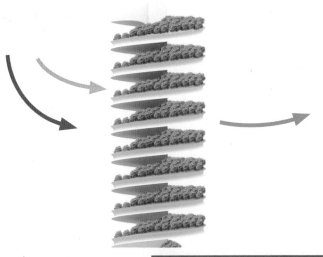

수직정원으로 녹지축을 만들면 바람 길이 생긴다.
출처: 초힐로에이플러스유

들어주면 찬 공기가 자연적으로 흘러가는 패시브 시스템을 구축할 수 있습니다. 이 구상은 오래전 제 논문에도 썼는데요. 다음 세대에 더 나은 세상을 만들어주자는 사명감에서 연구했습니다. 아직 해결하지 못한 공기 오염 이슈가 코로나19 때문에 더 많은 관심을 받고 있습니다. 저는 조금 더 맑은 하늘을 만들고 싶습니다.

자급자족하는 빌딩

박영선 2018년도에 미세먼지가 심각할 때, 서울시장 경선이 있었습니다. 그때 첫 번째 슬로건이 수소경제시대였고, 두 번째 슬로건이 도시에 있는 각 건물에 스프링쿨러 시설을 만드는 것이었죠. 빗물이 저장되면서 나무로 연결되는 시스템이 있는 걸 알았습니다. 그래서 "물을 어떻게 할 거냐"라고 질문을 받았을 때 "빗물을 받아서 쓰면 된다"고 했습니다. 이런 친환경적인 시설이 중요해지고 있습니다.

조신형 노만 포스터가 건축한 유리돔 건물이 바로 제로에너지빌딩 zero energy consumption building 입니다. 태양열을 이용하는 자급자족 빌딩self-sustaining building 이기도 합니다. 건물에 필요한 물도 비를 받아서 보관, 처리한 후에 사용하기 때문에 수도를 공급할 필요가 없습니다. 스마트팜의 경우도 이 방식으로 접근이 가능합니다.

우선 자급자족 시스템을 이용해 태양전지 패널 시스템solar panel system, 우수 시스템rain water collecting system 그리고 스마트팜을 결합할 수 있습니다. 4,000제곱미터의 태양전지 패널은 4인 가족, 65가구가 1년 동안 쓰는 양을 생산할 수 있습니다. 우수 시스템은 서울 강우량의 70%인 100만 리터의 물을 재활용할 수 있지요.

박영선 물은 햇빛이 들어오지 않으면 굉장히 오래 보전할 수 있어요. 특히 지하에 보관하면 물의 수명이 꽤 오래갑니다. 로마시대에 물을 지하에 보관하는 시설을 만든 이유가 그것입니다. 물은 사람에 의해 오염이 되는 거죠. 실제로 빗물을 받아서 쓰는 건물이 서울 시내에도 있습니다.

조신형 스마트팜 시스템에서도 물의 재활용이 가능하다고 알고 있습니다. 스마트팜에 대해서는 24시간 활성화시키는 프로그램화에 대한 아이디어가 있었는데, 두 가지를 연결한 사람이 장관님이었습니다. 지금은 하나의 분야가 되었습니다.

박영선   생각해보니 영국 런던 킹스크로스역 재생사업에서 유일하게 빠진 것이 스마트팜이군요. 정원을 가꾸는 일은 어디서도 느낄 수 없는 특별한 기쁨을 주는 데 말이지요. 내가 느껴본 것이기에 확실히 말씀드릴 수 있습니다. 생명을 가꾸는 일은 사람들에게 심리적인 변화를 줄 수 있습니다. 주말에 스마트팜이 바로 옆에 있어서 내가 먹거리를 스스로 가꿀 수 있다면 삶에 정말 큰 변화를 줄 거라 생각합니다.

미래에 적합한 도시 생태계를 만들려면

박영선   진정한 도시재생은 단지 건물을 허물고 새로 짓는 일이 아니라고 생각합니다. 일전에 종묘를 돌아보면서 건축 방식에 깊은 인상을 받았어요. 지금은 장엄한 건물이지만 작은 공간을 조금씩 증축했더군요. 이처럼 기존의 아름다움을 보전하면서 현대적으로 발전시킨 개념이야말로 서울을 새로운 재생도시로 만들 때 필요한 지혜라고 생각합니다.

조신형 서울을 완전한 수직도시정원으로 만들기 위해서는 3단계
가 필요합니다. 1단계로 남산 크기에 달하는 거대한 녹지
건축물을 세워 북한산과 관악산을 잇는 커다란 녹지축을
만듭니다. 인구가 밀집되어 있고 뜨거운 공기가 멈춰 있
는 서울의 중앙부를 녹지축이 가로지르면, 서울의 공기를
완전히 바꿀 수 있지요. 링 모양의 층^{slab}이 층층이 올라
가는 커다란 볼^{bowl} 모양의 건물을 만들어 빛이 양쪽에서
들어오게 합니다.

1단계에서는 커다란 볼을 지탱하는 타워가 필요합니다.
직경 600미터의 타워는 각각의 연결고리를 통해 볼의 하
중을 견뎌내죠. 코어타워^{core tower}에서는 축광재, 광촉매
를 통해 미세먼지를 분해하고 타워 내에 사용되는 주거용
수량을 우수 시스템을 통해 생성합니다. 코어타워에는 사
무실, 주거텔, 호텔 등이 들어갈 수 있으며, 우수 시스템,
태양광전지 시스템으로 이곳에서 필요한 전기의 10%와
45%의 수량을 만들 수 있습니다. 여기에 하나를 더할 수
있는데 바로 스마트팜입니다.

1단계 타워는 대규모 공기청정뿐만 아니라 사람들이 필
요하고 휴식을 취할 수 있는 공공건축물입니다. 가장 중요
한 것은 바람의 흐름과 바람의 길입니다. 공기는 차갑고

무거운 압력에서 뜨겁고 가벼운 지역으로 흐르는데, 이를 이용할 수 있습니다. 1단계 타워는 직경 600미터의 그릇 모양의 구조에서 30만 제곱미터 크기의 그늘을 만들어냅니다. 그늘로 커다란 저기압 영역을 만드는데, 이 과정을 통해 깨끗하고 차가운 공기가 생성되고 굴곡진 통로를 따라 자연스럽게 뜨거운 영역으로 흘러갑니다.

2단계로 1단계의 15분의 1 크기의 수직정원을 세우는 것입니다. 도시 곳곳에 비어있는 장소에 빌딩 크기로 세울 수 있어요. 곳곳의 수직정원은 현재 고립되어 있는 공원과 녹지들을 도시 내부에서 연결할 수 있습니다. 이로써 녹색축이 형성되면 서울 도심을 통과하며 깨끗한 공기를 실어 나를 수 있지요.

3단계는 2단계보다 작은 공원이나 플라자, 또는 일반 도로용 사이즈로 구석구석에 세우는 것입니다. 5개의 가지가 축광재과 UV라이트로 작동되는 청정 시스템으로 공기를 정화시킵니다.

박영선　이야기를 들어보니 1단계는 깨끗한 공기를 퍼 나르는 심장, 2단계는 서울 전체에 공기를 실어 나르는 혈관, 3단계는 거리 곳곳까지 공기를 실어 나르는 미세혈관 같다는 생

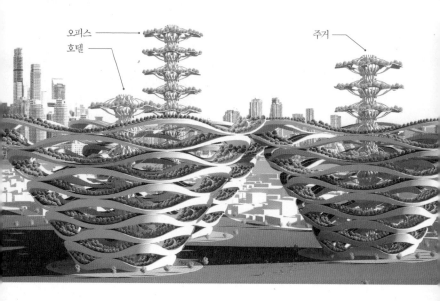

오피스
호텔
주거

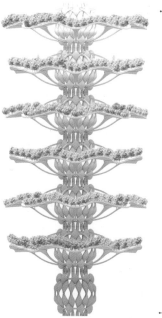

550미터

출처: 초힐로에이플러스유

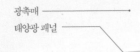
광촉매
태양광 패널

스마트 팜

우수 시스템

출처: 초힐로에이콜더스유

각이 드네요. 만약 이것이 실현된다면 서울의 생태계가 완전히 달라지겠어요. 사람들의 주거와 일터는 녹지로 둘러싸여 자연과 소통하고 공존해야 한다고 생각합니다. 도시가 스스로 생존하는 생태계가 되어야 하지요.

4차 산업혁명 시대의 도시는 기존의 분절적이고 단절된 도시의 구성 요소를 어떻게 연결하여 새롭게 구축할 것인지 고려해야 한다. 도시의 기능과 정책이 변해야 할 시점이다. 세계 주요 도시들이 도시재생과 스마트시티 건설에 대한 관심이 높은 이유다. 서울이 시대성에 부응하려면 과거의 역사와 문화를 보존하면서도 미래에 적합한 새로운 도시 생태계를 만들어나가야 한다.

2장 투명하고
공정한 사회를 꿈꾼다

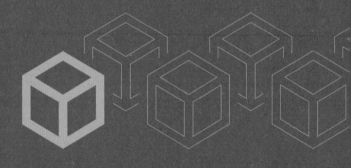

독점기업으로 진화하는 플랫폼 경제의 문제

대한민국에 사는 5,200만 명의 사람들 중에 음식 배달과 택배 한 번 쓰지 않고 사는 사람들이 얼마나 될까? 대리운전을 이용하는 비율은 배달이나 택배보다야 덜하겠지만 음주운전을 줄이고 자영업 시장에 활력을 불어넣는 사회적, 산업적 순기능이 크다. 그럼에도 불구하고 이 업종 종사자들은 이 질문에 숨이 턱 막히고 만다. "직업이 뭡니까?" 아무리 열심히 일을 해도, 직업적 숙련도가 쌓이고 실력이 좋아져도 대중은 그저 이들을 '알바' 취급하고 말 뿐이다.

래퍼 쌈디가 읊조리는 유명한 광고 카피라이트가 떠오른다.

"왜 알바를 직업이 아니라고 생각해? 누구나 할 수 있는 일이라서? 그럼 다들 해보세요. 알바를 RESPECT!"

무엇이든 배달하는 세상, 우리는 배달을 우리 삶에 필수적인 영역이자 전문적인 직업으로 인정해야 한다. 그것이 모든 문제 해결의 출발점이다.

- 김하영《뭐든 다 배달합니다》중에서

코로나19가 오면서 배송과 배달은 생활의 필수요소가 되었다. 배송의 편리함 속에는 얼마나 많은 노동자의 노고가 가득 배어 있는가! 노동은 곧 우리의 삶이요, 생활이다. 어떠한 노동이든 존중받는 사회가 되면 각자의 삶과 생활도 더 나아지지 않을까.

지난 10여 년간 디지털 플랫폼을 기반으로 한 경제가 급성장했다. 현재 디지털 플랫폼 기반의 공유차량서비스 우버 Uber의 기업가치가 약 100조 원을 넘어섰다. 우버에는 고용된 운전기사도 자동차도 없다. 우버는 단지 '중개'를 한다. 스마트폰 애플리케이션을 만들어 '언제 어디서나 내가 일하고 싶을 때' 일을 할 수 있는 디지털 장을 만들었다. 우버와 같은 디지털 플랫폼은 노동에 대한 공간과 시간 개념을 바꾸어놓았다. 그리고 정작 우버 드라이버와 같은 사람들은 소속 노동자도, 자영업자도 아닌 새로운 개념의 '플랫폼 노동자'가 되었다.

플랫폼 노동자는 '긱 Gig 노동자'로도 불린다. 승차, 숙박, 가사, 배달 등 영역을 가리지 않고 확산되고 있다. 노동 시간이 유연하다는 장점은 있지만 노동의 가치와 질이 떨어지고, 법과 제도는 이런 변화를 따라가지 못하고 있다. 플랫폼 노동자들은 법정근로시간, 고용보험, 최저임금 등의 사각지대에 놓여 있다. 노동 중 발생한 사고에 대한 보상은 물론 보호조차 받지 못하는 현실이다. 노동의 위험과 책임이 개인에게 떠넘겨지고 있다.

플랫폼 노동자는 우리가 생각하는 범위를 넘어선다. 택배

기사, 대리운전자, 라이더뿐만 아니라 유튜브, 웹툰과 같은 모든 콘텐츠 플랫폼도 포함한다. 긱 노동자의 규모도 공식통계가 확실하지 않다. 시장조사업체에 따르면 미국 성인인구의 약 1%가 온라인 긱 노동에 참여한 경험이 있다고 한다. 한국고용정보원은 우리나라에 플랫폼 노동자가 전체 50만 명, 서울시에만 11만 5천 명가량 되는 것으로 추정한다. (통계 출처: 서울연구데이터베이스)

다행히 2020년에 법의 보호 범위가 근로자에서 노무를 제공하는 자로, 사업주의 의무가 노무를 제공받는 자에서 '중개하는 자'까지 확대되었다. 그러나 아직 역부족이다. 현 정부는 전 국민 고용보험 도입을 준비하는 등 플랫폼 노동자를 보호하기 위해 힘쓰고 있다.

2020년 미국 우버 본사 앞에서 우버 기사들이 격렬한 시위를 벌였다. 이 때문에 민주당을 중심으로 우버 노동자들을 보호하는 법안이 추진되었다. 이 법안은 2020년 9월 통과되었다. 우버를 비롯한 공유경제 회사들이 운전기사들에게 고용보험을 제공해야 하는 상황이 된 것이다. 그러나 우버는 여론전과 로비로 맞서 같은 해 11월, 운전기사들을 다시 독립사업자로 분류하는 법안을 통과시켰다.

우리나라의 대표적인 디지털 플랫폼 기업 '배달의민족'이 수수료 인상을 발표했을 때 큰 반발이 있었던 것도 플랫폼 노동자와 깊은 관련이 있다. 배민의 경우 배달을 하는 라이더와 소비자 사이에서 '중개'를 사실상 독점하고 있다. 소비자가 배민을 많이 이용할수록 플랫폼의 가치는 높아져 오히려 시장 자체를 지배할 수 있는 구조가 된다.

우버 운전자들의 시위는 상징적이다. 새로운 노동 형태에 대응하는 새로운 규제가 필요하다는 걸 입증했다. 플랫폼 노동자에 대한 고민은 이제 시작되었을 뿐이다. 코로나19의 여파로 택배와 음식배달은 물론이고 프리랜서 알선 시장도 커지면서 긱 노동자는 급격하게 늘어나고 있다. 한 명의 긱 노동자가 여러 플랫폼 또는 여러 직종에 동시에 일할 수 있는 구조이기에 적절한 정책 마련을 위한 사회적 합의가 필요한 시점이다.

플랫폼 경제의 대안으로 떠오른 프로토콜 경제

플랫폼 경제는 기본적으로 디지털 네트워크를 통해 상품과 서비스를 거래한다. 우리가 익히 아는 대표적인 플랫폼 기업은 구글, 아마존, 우버, 알리바바 등이다. 플랫폼 경제는 기업이 제품과 서비스의 생산 및 공급을 담당하지 않고 플랫폼만 제공하는 형태다. 정보를 가진 중개자가 주도하는 경제이기 때문에 수수료를 지불해야 하고, 중개자인 플랫폼 사업자의 이익만 극대화되는 구조를 띠고 있다. 현재 10대 플랫폼 기업의 가치는 약 3,000조 원에 이르고, 1조 원 이상의 벤처 유니콘 기업도 플랫폼 기반인 경우가 많다.

코로나19의 전 세계적인 확산으로 모든 산업 분야에서 디지털 전환이 진행되고 공유경제가 활성화되면서 테슬라와 우버, 알리바바 같은 모빌리티, 전자상거래 기업들이 구글과 애플, 페이스북 같은 글로벌 테크 기업 규모의 플랫폼 사업자로 부상했다. 그런데 이들의 부상에는 문제가 있다. 우선 하나의 플랫폼 기업이 시장을 독점할 수 있는 구조다. 이와 같이 독과점 구조가 형성되면 경제 생태계의 공정성이 망가진다. 또한 많은 데이터가 하나의 플랫폼으로 몰리면서 해당 플랫폼은 빅데이터를 쌓을 수 있게 되었다. 하나의 플랫폼이 데이터를 독점하면 여러 문제가 생긴다.

가장 큰 문제는 플랫폼을 운영하는 데 참여한 이들에게 이익이 돌아가지 않고 소유주만 이익을 가져가는 구조라는 점이다. 그렇기 때문에 양질의 일자리 대신 임시직 일자리가 늘고 있다. 플랫폼 종사자들은 노동자도 자영업자도 아니기에 현재 법적인 보호를 받기 어렵다. 이들의 임금이 수수료에서 나오기에 플랫폼 소유주가 가져가는 부분이 많아져도 할 수 있는 게 없다. 수수료

결정권도 소유주에게만 있다.

단적인 예로, 우버는 시가 총액 100조 원에 달하고, 배달의민족은 4조 7,500억 원에 독일계 딜리버리히어로[DH]에 매각됐다. 소위 '대박'을 터트렸지만 우버 기사나 배민 라이더의 수입은 달라진 게 별로 없다. 이를 해결할 수 있는 대안으로 제기되고 있는 것이 '프로토콜 경제'다.

나는 2020년 11월에 열린 글로벌 스타트업 페스티발 '컴업[COMUP] 2020' 개회사에서 프로토콜 경제 관련 이야기를 처음 꺼냈다. 재작년에 이어 두 번째로 열린 스타트업 축제 '컴업 2020'은 세계에 한국 스타트업 생태계를 알리고, 국내 기업의 해외 진출 기회를 마련하기 위한 행사였다. 코로나19로 제한적인 상황에도 불구하고 10만 명이 온라인으로 참여했다. 이번 행사는 많은 해외 연사와 스타트업의 적극적인 참여로 코로나 이후 시대에 적합한 전 세계 스타트업 행사의 표준을 제시했다는 평을 받았다.

개회사에서 나는 코로나19로 온라인과 비대면의 시대가 왔다고 선언했다. 가까운 미래에 온라인과 비대면 방식은 오프라인을 대체할 것이며, 비대면 방식의 확산 속도가 빨라지면서 현재 대세로 군림하는 플랫폼 경제는 궁극적으로 새로운 경제 형태로 전환될 것이라 말했다.

컴업 2020에서 기조연설을 하는 모습

　　새로운 경제 모델은 디지털 시대로의 대전환에 꼭 필요하다. 블록체인 기술의 발전과 궤를 같이 하는 프로토콜 경제는 기업·개인·정부 등 시장 참여자 간 거래에 상호 합의한 일정한 규칙(프로토콜)을 만들어 운영하는 개방형 경제로, 참여자 모두에게 공정과 투명성을 확보하는 참여형 공정경제 시스템이다. 플랫폼 경제에서 발생하는 데이터 독점이나 폐쇄성 문제를 극복할 수 있는 차세대 경제 모델이다.

　　프로토콜은 블록체인 기술을 기반으로 개별 경제 주체를 '연결'해 주체적이고 독립적으로 거래할 수 있도록 한다. 정보를 독점하는 중개자가 주도하는 플랫폼과는 달리 참여하는 모든 경제 주체에 정보를 분산시켜 권한을 주기에 프로토콜 경제를 '탈중 앙화'된 시스템이라 말한다.

당시 새로운 대안으로 '프로토콜 경제'라는 화두를 던졌는데 생각보다 언론의 반응이 빨랐다. 이슈가 되는 걸 보고 내심 놀라기도 했다. 그리고 모두가 플랫폼 경제의 문제점에 대해 공감하고 있었지만 대안을 찾지 못하고 있었다는 확신이 들었다.

미국 숙박공유업체 에어비앤비는 2020년 12월 10일 1주당 144.71달러로 미국 뉴욕증권거래소에 상장되었다. 당초 예상보다 2배가 넘는 가치였다. 이러한 결과는 회사의 성장에 기여한 사람들과 성과를 나누겠다고 한 점이 주목받았기 때문이라고 생각한다. 에어비앤비는 상장 과정에서 숙박공유 호스트들을 위해 주식 920만 주를 '숙박공유 호스트 기부펀드 Host Endowment Fund'에 기부했다.

성장을 함께한 호스트 공동체와 지속해서 성공을 나누고자 하는 에어비앤비의 진정성에서 비롯된 결과라 생각한다. 앞서 우버 또한 우버 플랫폼 노동자들에게 1년 보상금의 15%까지 지분으로 지급할 수 있도록 했다. 이전에는 우버가 성장해도 우버의 주주들만 이익을 가져갈 뿐이었다. 그러나 이제 글로벌 플랫폼 기업이 근로자와 나눔을 실천하기 시작했다. 서서히 '성과의 공정한 공유'가 가능한 프로토콜 경제가 스며들고 있는 것이다.

프로토콜 경제는 노동자를 비롯해 중소기업과 소상공인에 사회적 자본 ^Social Capital 을 증대시키는 긍정적인 영향을 준다. 프로토콜 경제는 참여 주체 모두 규칙과 계약을 결정하는 과정에 투명하게 개입할 수 있기 때문이다. 서로의 신뢰도가 높아지고, 높은 신뢰도는 곧 사회적 자본의 증대로 이어진다.

지난해 구글은 2021년부터 인앱결제 수수료를 30%로 의무화한다고 발표했다. 30%는 과연 적당한가? 무슨 근거로 구글은 30%를 가져가는가? 답은 플랫폼 경제의 문제점에서 찾을 수 있다. 구글은 그동안 게임에 대해서만 강제적으로 적용하고, 넷플릭스와 같은 일부 플랫폼에서는 자체 결제 수단을 허용해주었다. 그러나 이제는 그렇게 하지 않겠다는 것이다. 이런 강제성이 가능한 이유는 구글이 독과점기업이기 때문이다.

프로토콜 경제는 '플랫폼 경제'에 대한 문제의식 속에서 탄생했다. 나는 프로토콜 경제를 '개인 간 프로토콜(규약)을 설정해 거래하는 경제'라고 정의한다. 블록체인 기술로 다양한 경제 주체들이 거래비용을 절감하고 인센티브를 누릴 수 있다는 점이 가장 중요하다. '프로토콜 경제'는 택배·배달 노동자의 근로조건, 배민 수수료, 현대자동차의 중고차 시장 진출 등 플랫폼 경제의 독점화로 인한 폐해를 보완할 수 있는 새로운 경제 시스템이 될 수 있다.

플랫폼 경제에서
프로토콜 경제로

프로토콜 경제와 블록체인을 논하다

프로토콜 경제의 효과는 비단 기업에 국한되지 않는다. 우리의 생활 시스템 자체를 바꾸어놓을 것이기 때문이다. 나 또한 처음 프로토콜 경제에 대해 들었을 때는 굉장히 생소했다. 프로토콜이 '투명하고 공정하게 합의된 규칙'이라고는 하지만 피부에 와닿지 않았다. 게다가 '블록체인'이라는 새로운 개념을 듣는 순간 더 어렵게 느껴졌다. 그러나 공부를 할수록 우리 사회에 필요한 경제 형태라는 확신이 들었다. 국민도 프로토콜 경제의 긍정성을 확인할 거라 믿는다.

블록체인은 프로토콜의 기반 개념이기에 제대로 알 필요가 있다. 이해를 돕기 위해 여러 자료를 찾던 중 우연히 샌프란시스코 대학교의 부교수인 정은진 교수님의 유튜브 강의를 보게 되었다. 정 교수님은 비유를 통해 참 쉽게 설명해주셨다.

예를 들어 어느 나라의 군대에 내부 파벌이 있다고 하자. 파가 다른 장군에게 한 장군이 협공하자는 편지를 보냈다. 그런데 이 편지가 중간에 분실이 되거나 편지를 받은 장군이 요청을 무시한다면, 이 협공은 무산될 것이다. 한편 편지를 보낸 장군은 이 일의 진행 과정을 알 수 없는 상태로 '무산되었다'는 결과만 받는다. 두 장군은 서로를 믿지 못한 채 협공은 무산된다.

이를 금전 거래에 대입해보자. 만약 당신이 누군가에게 100만 원을 주었는데, 돈을 받은 사람이 그 사실을 장부에서 지워버린다면, 무슨 일이 벌어질까? 그 거래는 없었던 것이 되는 것과 마찬가지다. 그런데 이 거래가 일어났다는 사실을 알고 있는 무수히 많은 증인이 있다고 하자. 그리고 모두 그 거래가 일어났다고 합의한다면 거래를 증명할 수 있다.

간단히 말하면 블록체인은 일종의 '공공 거래 장부'다. 한마디로 '분산 데이터 저장 기술'인 것이다. 블록체인은 모든 참여자들의 권한을 분산시킨다. 거래에 참여하는 모든 사용자에게 거래 내역을 보내주고, 거래할 때마다 모든 거래 참여자가 정보를 공유하고 대조한다. 결국은 블록체인은 합의 알고리즘을 거쳐 가짜와 진짜를 구분하고, 진짜를 유지하는 시스템인 것이다. 일단 엮으면 되돌릴 수 없고 이전에 만든 블록을 임의로 고칠 수도 없다. 다시 말하면 블록체인은 앞의 기록을 나중에 임의로 고칠 수 없는 '비가역성'이 있다.

그렇다면 프로토콜은 무엇인가? 프로토콜은 서로 간의 약속이다. 블록 대신 그 자리에 약속 또는 규약이라는 가치가 들어간다고 보면 된다. 프로토콜은 모든 사용자가 모든 거래 내역을 분산해 저장하는 블록체인의 특성에서 나온 개념이다. 데이터 교환 방법과 순서에 대해 정한 약속이나 규칙 체계를 말한다. 그렇기 때문에 블록체인은 단순한 거래내역뿐만 아니라 다양한 기록에 활용될 수 있다. 제품의 생산기록이나 화물의 배송기록 등 다양한 장부를 기록할 수 있다.

프로토콜은 참여자 모두가 주도적으로 규칙을 설정하도록 참여할 수 있는 환경을 만든다. 데이터 교환과 순서에 대한 약속이기 때문이다. 프로토콜의 핵심인 탈중앙화와 탈독점화가 가능한 이유도 블록체인 기술로 중재자를 거치지 않기 때문이다. 더 나아가 서로의 합의를 통해 이익을 투명하고 공정하게 나눌 수 있다.

그것이 바로 내가 현재의 경제 패러다임에서 프로토콜로 나아가야 한다고 주장하는 이유다. 모든 노동자가 일한 만큼의 보상을 공정하게 받을 수 있는 환경을 만들고 싶기 때문이다. 현실 경제처럼 프로토콜 경제는 전자 화폐와 서비스를 생산하고 유통하지만 중간 수수료를 떼지 않고 수익이 공평하게 해당 경제활동 참가자 모두에게 돌아간다.

우리는 갈 길이 바쁘다. 프로토콜 경제를 실현하기 위해서 준비해야 할 것이 많기 때문이다. 우선 데이터 기반의 시스템과 이해 당사자 간의 규칙을 어떻게 정할지에 대한 합의가 필요하다. 암호화로 보안 안정성도 확보되어야 하며 거래내역을 검증하고 승인할 수 있는 합의 알고리즘도 갖추어야 한다. 현실적으로 작동하기 위해서는 실제적인 시스템 구축이 시급하다. 지금 시작해야 하는 이유다.

중개자의 영향을 배제한 프로토콜 생태계로의 전환에서 대기업의 참여도 중요하다. 그래야 블록체인 기술을 적용하고 확장해 중소기업에 적용할 수 있는 환경이 만들어진다. 프로토콜 경제가 중소기업과 소상공인의 사회적 자본을 증대시키는 긍정적인 영향을 극대화시키려면 다양한 요인을 고려한 프로토콜 경제 정책을 펼쳐야 한다. 그러면 우리는 동반 성장하는 상생 경제를 이룰 수 있다.

2020년 블록체인 전문 투자사 해시드가 창업투자회사 해시드벤처스를 통해 '해시드 벤처투자조합 1호'를 만들었다. 블록체인 분야 투자뿐만 아니라 '프로토콜 경제'를 구현하고자 국내외 스타트업에 집중 투자할 계획이다. 순전히 운용사의 출자금과 민간자본만으로 1,200억 원을 모았다. 지금 블록체인 산업과 스타트업 생태계를 연결할 고리가 만들어지고 있다.

현실 속 프로토콜 경제

플랫폼 비즈니스는 중앙집권적이다. 은행이나 카드 회사가 중앙에서 거래 기록을 보관하는 식이다. 만약 전 세계에 있는 플랫폼 노동자들이 중개 시스템 없이 개별적으로 직접 거래를 한다고 가정한다면, 현실적으로 불가능하다. 중앙은행이나 처리 기관에서 수십만 명의 노동자에게 인감증명서 등을 요구할 것이다. 그 과정에서 처리 수수료를 내야 한다.

대신 프로토콜 생태계는 중개자 없는 직접 거래가 활성화된다. 주체적인 시장 참여자들이 상호적이고 중립적인 규칙을 만들고 이를 기반으로 서로 거래를 하거나 기여에 따라 보상받는다. 운영자가 자의적으로 규칙을 바꿀 수 없는 환경이기에 투명성과 공정성이 지켜지는 동시에 거래비용과 시간이 줄어 효율적이다.

우리가 무언가를 살 때 카드와 은행을 이용하는 대가로 카드나 이체 수수료 등을 지불하는 이유는, 그들이 중간에서 거래내역을 관리하고 양자 간의 지불이 이루어지도록 중개하기 때문이다. 그러나 블록체인 기술망에 기반을 두고 거래를 하면 개인과 개인의 안전한 거래가 가능해 수수료 자체가 거의 발생하지 않는다. 이 때문에 블록체인 기반의 암호화폐인 '코인'으로 거래를 하면 수수료 0원이 가능한 것이다.

이스라엘 카셰어링 업체 '라주즈La'Zooz'를 실례로 들 수 있다. 라주즈는 블록체인 기반의 차량공유 서비스 업체다. 대도시 교통 문제를 블록체인 기술을 통해 해결하겠다는 야심 찬 비전을 가진 회사라고 알고 있다. 라주즈에서는 드라이버에게 보상을 제공하는 디지털 암호화 토큰인 주즈 토큰^{Zooz Token}을 발행하고 있다.

라주즈의 이용 프로세스는 우버와 거의 비슷하다. 내가 여의도까지 이동하려고 라주즈 앱을 실행해 카풀을 요청한다면, 근처를 지나가던 라주즈에 등록된 드라이버가 카풀 요청을 보고 나를 태우는 시스템이다. 목적지에 도착하면 내가 구입해놓은 주즈 토큰이 드라이버에게 지불된다. 나와 드라이버의 가상지갑 간에 토큰이 이동한다. '개인 간 거래'가 발생한 것이다.

드라이버는 얻은 주즈 토큰을 이더리움^{ethereum} *으로 교환해 거래소에서 이더리움을 법정 화폐인 현금으로 바꾼다. 우버 드라이버는 거래수수료 20%가량을 우버 플랫폼에 내야 하지만 라주즈는 그렇지 않다. 거래수수료가 없고 자체 암호 화폐인 주즈 토큰으로 결제가 이루어진다. 또한 우버는 우버사가 관리하지만 라주즈는 라주즈 '커뮤니티'가 관리한다.

라주즈 앱은 현재 2만 5,000명이 사용 중이며 향후 라주즈에 등록된 드라이버는 운전한 거리에 따라 주즈 토큰을 받는다. 만약 라주즈 플랫폼의 가치가 증가하면 주즈 토큰을 보유한 드라

---

*이더리움^{ethereum}: 블록체인 플랫폼이자 자체 통화 이름. 비트코인이 화폐로서의 기능에 집중하는 반면 이더리움은 결제뿐만 아니라 계약서, 이메일, 전자투표 등 다양한 애플리케이션을 투명하게 운영할 수 있는 확장성을 제공한다.

이버는 더 큰 이익을 거둘 수 있는 구조다. 우버의 드라이버들이 중앙집중적으로 우버에 고용된 자영업자라면, 블록체인 기반의 라주즈 운전자는 승객과 개인 간의 거래를 한다. 독점적인 중개인이 없는 공유경제를 실현할 수 있는 것이다.

대전환의 시대에는 늘 저항이 따른다

중앙에서 중개하는 수수료를 받는 플랫폼 사업은 노동자에게 힘을 휘두를 수 있다. 모든 거래가 하나의 플랫폼 기업을 통해 거래가 이루어져 기업 자체가 거래 관계에서 갑이 될 수 있는 것이다. 그러나 프로토콜 경제에서는 갑과 을이 사라지고 소비자와 노동자 모두 공정한 대가를 받는다.

프로토콜 경제에서는 요즘 가혹한 노동조건으로 사회문제가 되고 있는 택배노동자들의 문제도 해결이 가능하다. 합리적인 근로시간과 공정한 노동의 대가를 지불하는 상생의 경제로 풀어갈 수 있기 때문이다. 생각만 해도 신나지 않는가. 과거 카카오톡의 등장이 문자메시지 요금을 무료화시킨 것처럼 수수료 혁명이 다가오고 있다.

우리 사회는 '타다' 이슈로 한때 산통을 겪었다. 타다의 문제도 일찍이 프로토콜 경제를 고려했다면 좋은 해결책이 나올 수 있었을 거라 생각한다. 당시 검찰은 승합차 호출서비스 타다를 여객자동차운수법 위반 혐의로 기소했다. 나는 "검찰이 너무 전통적인 생각에 머무른다"고 솔직한 심정을 토로했다.

타다의 모회사인 쏘카의 이재웅 대표는 운행기사 9,000명의 일자리를 만들었으나 운행 1년 만에 '피의자' 신세가 되었다. 이미 법이 상정되어 있었고, 한두 달 후면 통과될 수도 있는 상황이었다. 동남아시아에서는 한국과 달리 타다와 같은 승차공유 서비스 기업들이 급성장했는데도 말이다. 정말 안타까운 일이라 생각했다.

타다의 기소는 당시 나에게 과거의 '붉은 깃발법'을 떠올리게 했다. 100년 전 마차에서 자동차에서 넘어갈 때와 상황이 다르지 않았다. 법이 앞서가는 사회 변화를 쫓아가지 못하는 상황에 답답할 뿐이었다. 붉은 깃발법은 시대착오적인 규제의 대표 사례다. 19세기 중반 영국에서는 자동차의 최고 속도를 시속 3킬로미터로 제한했었다. 세계 최초의 도로교통법이 마차 사업의 이익 보호를 위해 만들어졌다. 마차가 붉은 깃발을 꽂고 달리면 자동차는 속도에 맞추어 뒤따라 가야 했다. 현실적인 결과는 참담했다. 이 규제의 시행은 영국의 자동차 산업이 미국과 독일에 추월당하는 결정적인 계기가 되었다.

100년 전 마차 시대에서 자동차 시대로 전환될 때도 그러했듯이, 전통 상행위와 새로운 기업 행위 사이에는 기술 격차가 있기 때문에 새로운 사회로 전환되는 과정에서 항상 잡음이 있기 마련이다. 혁신 스타트업을 응원하는 부서의 수장으로서 오래된 규제로 좌절된 창창한 꿈에 마음이 무거웠다. 그러나 아직 우리에게는 바로잡을 힘이 남아있다. 모든 변화와 혁신에는 저항이 따르지만 그럼에도 불구하고 변화와 혁신은 끝내 승리한다.

자본주의에서 수정자본주의가 나왔듯, 플랫폼 경제의 수정 플랫폼 경제가 프로토콜 경제가 될 것임을 확신한다. 중소벤처기업부 장관 재임 시 정의선 현대자동차 사장과 김봉진 우아한형제들 의장에게 프로토콜 경제 도입을 제안한 이유다.

정의롭고 공정한
경제 생태계를 위하여

프로토콜 경제는 '디지털 협동조합'

작년 이맘때쯤 하버드대 교수 마이클 푸엣의 동양철학 강의를 엮은 《더 패스》를 읽었다. 서양사회에서 바라본 공자, 맹자, 장자, 노자와 같은 고대 동양철학을 통해 현재의 삶에 중요한 통찰을 던져주는 책이다. 가장 인상적인 부분은 노자老子였다. 그는 영향력이 새로운 세계를 만드는 능력에서 비롯된다고 논했다. 새로운 세계는 새로 생겨났지만 사람들이 미처 이전 세계와 다르다고 깨닫지 못할 수 있다고 말했다.

결국은 사람들의 눈에 띄는 말이나 행동이 아니라 새로운 현실이 만들어질 토대를 만드는 데서 진정한 힘과 영향력이 나온다는 것이다. 지금 내가 해야 할 역할은 완전히 새로운 미래를 위한 마중물을 만드는 것이라 생각한다. 지금 당장 눈에 띄는 성과보다는 먼 미래 그리고 미래 세대까지 영향을 미칠 환경의 토대를 만들고자 한다.

나는 무언가가 되려고 정치를 시작하지 않았다. 단지 나를 진심으로 지지해주신 분들에게 보답하고자 최선을 다하다 보니 여기까지 왔다. 국회의원 시절에 날선 질문으로 정의로운 대한민국을 위해 싸웠던 것도 힘없는 사람만 당하는 억울함에 대해 안타까운 마음이 있었기 때문이다.

새로운 세상을 만드는 데 일조하고 싶다. 정치부에는 관심도 없던 경제부 기자가 중소벤처기업부 장관을 거쳐 서울시장을 향해 내딛고 있는 이유다. 지금 그리고 앞으로도 내가 가장 잘할 수 있는 일에 매진할 것이다. 그것이 정의롭고 공정한 생태계를 만드는 데 일조하는 일이라고 생각한다.

중기부 장관으로 일할 때 플랫폼 경제를 프로토콜 경제로 전환하기 위해 '프로토콜 경제 발전 전략'을 준비했다. 플랫폼과 프로토콜을 양립할 수 없는 개념으로 생각할 필요는 없다. 오히려 플랫폼과 프로토콜은 상호 공존할 것이다.

정보 플랫폼은 고대 로마시대부터 지금까지 술집, 교회, 은행, 부동산 중개업 등의 순서로 오프라인 플랫폼을 거쳐 온라인 플랫폼으로 변화해왔다. 그러다 강자만 살아남는 구조가 되면서 독점화되었다. 독점화에서 탈독점화, 중앙집중화에서 분권화가 중요해졌다. 지금까지 음악 공연에서 지휘자만 많은 연봉을 가져갔다. 그러나 이제는 연주자들도 공연이 성공하면 성과에 대한 보상을 받을 수 있는 구조를 만들어야 한다. 프로토콜은 쉽게 말해 '디지털 협동조합'이라고 할 수 있다.

프로토콜 경제가 이루어지면 중앙집중형이 아닌 분산형으로 생태계가 변화될 것이다. 개인과 개인이 중개자 없이 상품을 안전하고 투명하게 판매하거나 공유하는 게 가능하다. 투명한 정보 공개를 통해 거래 관계의 신뢰를 형성하고 모든 참여자가 모든 정보에 접근해 상품에 대한 정보를 추가할 수도 있다. 또한 원산지 정보와 같은 세부적인 유통 과정을 투명하게 공개할 수 있다.

월마트Walmart는 블록체인으로 식료품 유통 과정 전반을 추적하고 공개한 적이 있다. 기존에는 생산부터 유통까지 정보를 확인하는 데 1주일이 걸렸으나 이제는 2초 정도면 충분하다고 한다. 할랄(halal, 이슬람 율법에 따라 허용된 것) 인증이 필요한 트러스트Trust 플랫폼도 할랄 인증 처리와 발급 검증 등의 전 과정을 시스템화했다. 이로써 유효기간 관리도 투명하게 할 수 있다는 걸 보여주었다.

블록체인은 참여자에게 공정한 기회와 인센티브를 제공한다. 상품과 서비스의 거래·홍보·앱 구축 등 다양한 기여를 통해 지분 소유도 가능하다. 이를 실현시키기 위해 중소벤처기업부 장관으로 재직하던 2020년 12월, 블록체인에 관련된 청년벤처 사업가들과 함께 프로토콜이 만들어갈 구체적인 세상에 대해 이야기를 나누었다. 옥소폴리틱스 유호현 대표와 보이스루 이상헌 대표에게 대담을 요청해 현장의 소리를 듣고 정부가 지원해야 할 방향에 대해 의견을 구했다.

'옥소폴리틱스oxopolitics'는 자신의 정치 성향을 바탕으로 정치에 대한 이야기를 나누는 SNS다. 옥소폴리틱스의 유호현 대표는 유권자의 다양한 목소리가 정치에 변화를 줄 수 있는 스타트업을 만들고 싶다고 했다. 대표의 소신에 따라 옥소폴리틱스는 자유롭게 생각의 차이를 확인하고, 다름을 인정하는 플랫폼이다.

'보이스루Voithru' 또한 혁신적인 미래를 대변하는 스타트업이다. 보이스루는 번역회사이지만 소속된 번역가가 없다. 보이스루에 번역할 내용을 올리면 전 세계에 있는 번역가들이 작업에 참여한다. 작업 과정도 서로 규범을 정해 움직인다. 보이스루는 사업자와 근로자라는 일방적인 관계가 아니라 민주적이고 합리적인 관계를 바탕으로 의사소통한다. 이 같은 점에서 보이스루는 프로토콜 경제의 형태를 이미 갖추고 있는 셈이다.

프로토콜이 만들어갈 세상

박영선   프로토콜 경제는 제가 꿈꾸던 새로운 세상에 가까워지는 길이라 생각합니다. 참여자는 사업자가 정해놓은 규칙을 따르지 않아도 되고, 탈중앙화는 물론 탈독점화가 가능합니다. 거래의 공정성과 투명성을 높일 수도 있습니다. 플랫폼 경제의 데이터 독점과 폐쇄성 문제를 해결할 수 있는 차세대 경제 모델이라는 생각이 듭니다.

유호현 프로토콜 경제는 분명 새로운 세상으로 이끌 것입니다. 프로토콜이 가져올 세상은 아마도 '내가 하고 싶은 것만 하고 살아도 괜찮은 세상'이 아닐까 생각합니다. 하고 싶기만 하다면 우버 운전자도 우버 사장과 크게 다르지 않은 세상이니까요. 한국 사회에 굉장히 큰 변화를 일으킬 거라고 봅니다. 1등만 해야 하는 사회에서 이제는 내가 무엇을 잘하고 무엇을 해야 하는지에 대해 고민하는 사회로 바뀔 거라고 생각합니다.

이상현 비슷한 개념으로 개방형 네트워크 플랫폼이 있었습니다. 알레시^{Alessi}라는 독특한 와인 오프너를 만드는 디자인 회사에는 디자이너가 없습니다. 외부 디자이너들이 작품성을 가지고 참여하는 구조입니다. 상품이 완성되면 디자이너의 이름이 새겨집니다. 그들은 스스로 디자이너의 창의성이 소비자에게 팔릴 수 있게 만드는 중개자라고 말합니다. 이러한 성공 사례에 기술을 붙여 넓은 저변에 적용시키면 프로토콜 경제가 되는 겁니다.

유호현 6시간 후면 에어비앤비가 상장을 하는데요. 제가 4년 정도 일하다가 퇴사해서 주식을 가지고 있습니다. 직원에게 스

대담을 나누는 유호현 옥소폴리틱스 대표, 박영선 전 장관, 이상헌 보이스루 대표

톡옵션을 주는 것은 실리콘밸리의 원동력입니다. 그런데 이제 에어비앤비가 직원들뿐만 아니라 호스트들에게도 주식을 주고 싶어 합니다. 플랫폼 기업이 구현하는 프로토콜 경제가 시작되고 있습니다.

유튜브도 프로토콜 경제의 초기 모델이라고 볼 수 있습니다. 다만 생산은 프로토콜적인데 보상이 프로토콜적이지 않고 유튜브 회사에 대부분의 수익이 돌아가고 있습니다. 개인에게 수익이 돌아가지 않아 프로토콜 경제가 돌아가지 않고 있는 겁니다. 현재 유튜브 같은 플랫폼 기업은 개인에게 시혜적인 보상을 제공하고 있지만, 프로토콜 경쟁자가 영역별로 생기면 보상체계를 바꿀 수밖에 없을 겁니다.

이상헌   저작권 문제가 남아있긴 하지만 사진이나 그림을 프로토콜에 올리는 일을 추진 중입니다. 그림이 진품이라는 증명도 가능하기 때문입니다. 사람들이 음악을 구매하면 현재는 플랫폼이 음원 수익의 44%, 저작권자가 6%를 가져갑니다. 한국과 미국에서 동일한 이야기가 나오는데요. 프로토콜은 역할 보장과 결제 모두 가능하기 때문에 음악을 프로토콜에 올리게 되면 저작권을 증명할 수 있고, 실연자들의 수입이 늘어날 수 있습니다.

박영선 벤츠 아우토반 행사에서 해커튼^{hackathon} * 방식으로 뽑힌 회사의 프레젠테이션을 봤습니다. 일반 차들은 정비소가 많으나 트럭 정비소는 절대적으로 부족한 상태라고 합니다. 게다가 1인 사업자이기 때문에 정비를 맡기기도 어려운 상황이고요. 그래서 트럭을 가지고 있는 사람이 정비업소를 예약할 수 있도록 '트럭닥터'라는 예약시스템을 개발했습니다. 전국 어디든지 가서 고칠 수 있도록 말입니다. 여기서 착안한 게 하나 있습니다. 현재 선박이 부족해서 수출을 못하는 기업이 많습니다. 그러나 사실은 중간에 브로커들이 장악하고 있어서 예약 물량도 알 수 없고 운임료도 공정하지 않는 것이 문제죠. 브로커들이 가격을 담합하기 때문에 일어나는 일입니다. 이 문제도 프로토콜 경제를 구현한다면 투명하게 해결할 수 있을 것 같습니다.

---

* 해커튼^{hackathon}: 소프트웨어 개발 분야의 프로그래머나 관련된 그래픽 디자이너, 사용자 인터페이스 설계자, 프로젝트 매니저 등이 정해진 시간 내에 결과물을 만들어내는 소프트웨어 관련 이벤트다.

프로토콜 시대, 정부가 할 일

박영선   프로토콜 경제가 실현되면 많은 변화가 일어날 것 같습니다. 그럼 프로토콜 경제를 실현하기 위해서 정부는 어떤 지원을 해야 할까요.

유호현   제조업에서 IT 기반의 플랫폼 경제로 변화하는 데 한국만큼 빠르고 성공적인 성과를 거둔 나라가 없습니다. 상당히 고무적이고 자랑스러운 일입니다.

이상헌   지금의 플랫폼 경제로는 한계가 있습니다. 세계화가 어렵기 때문입니다. 세계적인 벤처기업이 나오기 어려운 환경입니다. 특히 카카오와 같은 대형 플랫폼들도 글로벌화를 어려워합니다. 새로운 글로벌 플랫폼이 필요합니다. 한국이 더 강력하게 필요성을 느끼고 있습니다. 프로토콜 경제로 사람들이 많이 참여하면 글로벌화가 훨씬 쉽습니다.

박영선   중소벤처기업부가 프로토콜을 해야 하는 이유는 자명합니다. '작은 것을 연결하는 강한 힘'이라는 중소벤처기업부의 카피처럼 혁신벤처시대가 왔습니다. 한국의 일자리는 대부분 중소기업에 달렸습니다. 현재 온라인 판매 비중이 늘어나고 있지만 온라인에서는 대기업들이 힘을 못 쓰고 있어요.

플랫폼 사업도 잘 되지 않았지요. 무신사, 아이디어스 등 벤처기업들이 이미 자리를 잡고 있기 때문입니다. 적당한 가격에 기술력이 있고 디자인 좋은 제품이 잘 팔리고 있습니다. 1, 2, 3차 산업혁명까지는 대기업이 유리했지만, 4차 산업혁명에서는 대기업도 스타트업이나 벤처와 협업을 해야 활력을 얻습니다.

게다가 지금 우리나라가 클라우드에 투자하지 않아 중국에 많이 밀렸습니다. 인공지능AI이 부각되면서 클라우드 생태계를 조성해야 하는데 슈퍼컴퓨터가 한국에는 3대밖에 없습니다. 중국에는 200대인데 말입니다. 지금 투자를 진행 중입니다. 대신 현재 AI특허는 LG가 1등입니다. 재도약할 수 있는 기반을 만들고 있는 것이죠. 코스피 3000, 코스닥 900은 현재 중소기업이 이끌고 있습니다. 새로운 벤처 부흥이 온 거라 생각합니다.

이상헌 현대자동차의 경우도 AI와 접목했을 때 큰 변화가 기대됩니다.

유호현 삼성은 주로 수직적 관계를 이루며 하청을 주고 자신의 기술을 공개하지 않습니다. 이 때문에 많은 회사가 삼성이 만든 것을 다시 만들어야 합니다. 저는 우리나라 기업들도 수평적으로 연결되었으면 좋겠습니다. 실리콘밸리에서 3~4명이면 스타트업이 가능한 이유는 다 공개되고 연결되어 있어, 서비스화되었기 때문입니다. 수직적인 하청 구조가 아닙니다.

기업 금융은 이 서비스, 인사는 저 서비스, 클라우드는 이 서비스를 갖다 붙이고, 오픈 소스 몇 개를 붙이면 기본은 다 만들어지고 그 위에 내가 하고 싶은 아이디어를 구현만 하면 됩니다. 국내 기업들도 그러한 실리콘밸리 중심의 '연결'의 클라우드 생태계에 빨려 들어가고 있습니다. 우리나라도 수평적 연결을 통해 플랫폼 생태계를 만들고 그것이 프로토콜 경제의 기반이 되어야 합니다. 국내 대기업들은 플랫폼 시대에도 수직적 연결만 만들었으니 프로토콜 시대로 바로 넘어가기는 사실상 힘든 상황입니다. 블록체인의 활용도 탈중앙화보다는 더 효율화된 중앙화에 집중하고 있는 것이 현실입니다.

다만 2017년에 생긴 블록체인에 대한 좋지 않은 이미지를 아직 극복하기 어려운 상황인 것 같습니다. 당시는 수수료만 낮추면 된다고 기술적으로만 생각해 실패했습니다. 에어비앤비처럼 심리적인 신뢰가 없었던 거죠. 소비자들은 꾸준히 좋은 제품과 서비스를 제공하는 기업을 신뢰합니다. 기업의 브랜드, 기업의 조직원에 대한 신뢰가 필요한 것이죠. 블록체인에서는 단지 신뢰가 돈의 거래 문제라고 여겼지만, 에어비앤비가 보여준 신뢰는 사람 간의 신뢰였던 겁니다. 분명한 건 플랫폼의 문제가 블록체인 기반 프로토콜로 해결하기 쉬워진다는 겁니다.

이상헌 플랫폼이 잘 나갈 수 있는 이유는 참여자도 보상을 받고 플랫폼도 이익이 있기 때문입니다. 프로토콜 경제가 초창기에 만들어지면 플랫폼에 밀릴 수 있기 때문에 프로토콜 경제에 기반한 솔루션을 지원해야 합니다.

프로토콜 경제가 자리잡으려면 시간과 자원이 많이 소요되기 때문에 지원해줄 수 있는 시스템이 필요합니다. 플랫폼에서 프로토콜 경제로 바꾸어야 하는가, 아니면 지원을 받아 프로토콜 경제가 자체적으로 성장할 것인가에 문제의 핵심이 있습니다. 정부와 함께 해결해야 할 문제가 아닐까 합니다.

박영선 한국은 IT 강국이지만 클라우드를 잘 쓰지 않습니다. 특히 정부 부처끼리 연결이 되어 있지 않죠. 저번 긴급 재난 지원금 전에 긴급 대출을 제공했었는데요. 그때 처음으로 신용보증기금과 은행, 지역신보가 연결되었습니다. 새희망자금을 줄 때도 처음으로 중소벤처기업부와 연결이 된 겁니다.

규제 개혁이 많았으나 단발성이 많아 성과가 미미했습니다. 병목현상이 있는 곳들을 풀어주지 못하는 건 부처 사이에 다리가 없거나 문제가 있기 때문입니다. 정부 부처끼리 먼저 '연결'해야 합니다. 미국은 정부 홈페이지에 들어가 정부 정보를 통합적으로 찾을 수 있습니다. 그것만 고쳐도 문제가 많이 좋아질 거라고 생각합니다. 현 정부가 많이 노력하는 부분입니다.

플랫폼과 프로토콜을 양립적으로 존재할 수 없는 체제라고 생각할 필요는 없다고 봅니다. 오히려 공존하는 방식이 될 거라고 생각합니다. 배치되는 개념이 아니라 플랫폼과 프로토콜은 상호 공존해야 할 개념이라고 봅니다.

유호현 대표와 이상헌 대표의 의견처럼 나의 삶을 살면서, 전체적으로 시너지 효과를 내는 사회, 기술력을 바탕으로 참여하는 것이 용이한 사회가 될 것이라 믿는다. 굳이 참여하지 않아도 공존하면서 상생하는 사회가 생각보다 빨리 올지도 모른다. 최고가 되는 과정이 합리적이고 참여하는 과정이 투명한 프로토콜 경제, 더 나아가 프로토콜 사회는 올바른 상생과 공존의 모델이 될 수 있을 것이다.

투명한 사회로 나아가는 길

자발적 참여를 유도하는 프로토콜 경제

박영선   프로토콜 경제에 해당하면서도 블록체인 기업이 아닌 회사로 보이스루가 여러 곳에서 언급되었습니다. 유튜버들의 스트리밍 자막의 90% 정도를 만드는 회사인데, 회사에 번역가가 한 명도 없다지요? 보이스루의 플랫폼을 이용하는 외부 번역가들이 모두 번역을 맡는다고 들었습니다. 사업 아이디어를 어디서 얻었습니까?

이상헌   보이스루는 '목소리가 통한다'는 의미입니다. 처음엔 청각장애인 친구에게 인터넷 강의를 듣게 해주려고 생각한 아이디어였습니다. 제가 음성인식을 공부했는데, 교수님이 말하는 걸 친구가 보게 하려고 만든 게 보이스루의 시작이었습니다.

박영선   일하는 방식도 독특하다고 들었습니다. 유튜버가 영상을 찍어서 올리면 영상이 잘게 나눠져 번역가들에게 전달된다지요. 번역가를 고용하지 않고 사업을 하는 방법은 어떻게 생각하셨나요?

tech
어렵고 방대했던 방법을 기술로 해결하고자 합니다.

contents
사람들의 언어, 소통에 맞서서 콘텐츠의 힘을 믿습니다.

growth
개인, 회사, 서비스, 나아가 고객님의 성장을 목표로합니다.

보이스루는 인공지능과 크라우드 소싱을 통해
동영상 번역의 판도를 바꾸었습니다.
이제, 동영상 콘텐츠 시장을 바꾸고자 합니다.

보이스루 홈페이지(https://voithru.com/)

이상헌 번역은 비즈니스 모델을 찾다가 시작했습니다. 사실 어머니가 번역사업을 30년 정도 하셨는데, 어려움이 많으셨습니다. 이야기를 조각으로 나누어 만드는 방식은 미국의 콘텐츠 회사 시스템을 보고 배웠습니다.

할리우드에서는 누구와 작업하느냐와 상관이 없이 포드 제조공장처럼 공정별로 다른 작업물을 만들어내는 구조로 작업을 합니다. 첫 번째 사람이 기획을 하면 두 번째 사람이 스토리라인을, 다음 사람이 대사를 쓰면, 배경작가가 배경을 설정하고 마지막으로 스토리 작가가 다 모아서 글을 만드는 구조이지요.

이에 착안해서 현재는 번역을 붙이는 웹툰 시스템에 프로토콜을 적용하는 아이디어를 가지고 있습니다. 번역도 컴포넌트로 진행하기 때문입니다. 검수자도 있고 번역하는 사람 등이 나눠져 있지요. 대사, 그림, 스토리가 있으면 자발적으로 참가해서 하나의 웹툰을 만들 수 있지 않을까라는 생각을 해봤습니다.

박영선   기획안이 뜨면 작업에 참여할 사람이 들어오는 식인가요?

이상헌   S급 기획자가 들어와 기획을 하면 최소 A급 담당자들이 들어와서 완성할 수 있습니다. 콘텐츠 분야에서는 프로토콜이 가장 어울리는 분야인 것 같습니다.

유호현   그게 전체 계획에 따라 순서대로 진행하는 워터폴^{waterfall} 구조인데, 일정한 주기를 가지고 피드백을 받으며 프로토타입 개발을 진행하는 애자일^{agile} 구조로 갈 수도 있을 것 같습니다. 그렇다면 프로토콜 경제가 유용할 거라고 봅니다.

이상헌   맞습니다. 지금도 콘텐츠를 만들 때, 독자의 피드백을 받고 소통하며 만들어야 합니다. 그렇다면 독자들도 보상받을 수 있는 구조도 가능합니다.

대담을 나누는 이상헌 보이스루 대표와 박영선 전 장관

박영선 마이클 샌더스 대담에서 동시통역의 번거로움이 있었다고 들었습니다. 보이스루의 서비스를 쓰면 좋았을 것 같습니다. 실시간으로 번역할 수 있나요?

이상헌 일반적으로 30초, 빠르면 10초 내에 가능합니다. 저희 서비스는 한국어로 받아쓰는 사람, 검수하는 사람, 초벌 번역을 맡는 사람, 재벌 번역하는 사람, 검수하는 사람이 다 다릅니다. 모든 작업은 투명하고 공정하게 프로토콜화되어 있습니다. 속도가 빠르면서도 번역의 질이 우수합니다. 대부분의 작업이 12시간 안에 끝납니다. 비용도 전문번역가에 맡기는 것에 3분의 1 정도 수준입니다.

박영선 번역한 사람에게 코인을 주는 것으로 알고 있습니다. 만약 아프리카 우간다 사람이 코인을 받으면 자국 화폐로 어떻게 교환되나요?

이상헌 어떤 코인을 받는지가 중요합니다. 생태계를 형성할 때는 코인 또는 포인트를 사용하는데, 이를 시행 중입니다. 어느 시점에서는 보이스루도 완전한 프로토콜 경제를 구현하기 위해서는 스테이블 코인(Stablecoin, 기존 암호화폐와는 다르게 가격 안정성을 유지하는 암호화폐의 한 종류)과 같은 디지털 자산을 사용해야 합니다. 세계 각국의 번역가들에게 해외 송금을 해줘야 하기 때문입니다.

만약 우간다에서 사용하려면, 받은 코인에 이더리움을 붙여서 교환이 되는 방식으로 가능합니다. 가격변동성이 크지 않도록 교환하기 위해서는 인프라 코인이 필요합니다. 디파이Defi*가 발전할수록 거래가 안정적이 되는 구조인 거죠.

유호현 코인 값이 올라가고 있는데, 동기부여가 되었겠네요.

이상헌 지금은 한화로만 환전되는 구조이고 아직은 이더리움과 연동되지 않습니다. 하지만 지금 전 세계에서 2,000여 명이 번역가로 가입해 일하고 있습니다.

유호현 프로토콜 경제에 꼭 블록체인이 필요한 건 아닙니다. 하나의 수단일 뿐입니다. 프로토콜이 제일 중요합니다. 블록체

---

*디파이Defi: 탈중앙화 금융 Decentralized Finance의 약자로서, 탈중앙화된 분산금융 또는 분산재정을 의미한다.

인은 가장 훌륭한 수단이지만 비트코인의 가격 변동성으로 문제가 생길 수 있습니다. 그러나 안정화만 되면 가장 유용합니다.

프로토콜 시대의 선물, 대의민주주의

박영선 옥소폴리틱스는 성향 테스트 기반 정치 SNS라서 그런지 정치 이슈에 대해서 다양한 생각이 모아져 있는 것 같습니다. 이런 다양한 의견으로 정치적 의사결정에 기여하는 게 목적이라고 들었습니다. 옥소폴리틱스가 대의민주주의를 반영할 수 있다고 보는 이유는 무엇인가요?

유호현 각 사람들을 보여줘야 한다고 생각합니다. 이것이 바로 옥소폴리틱스가 만들어진 이유입니다. 모두가 모든 이슈에 관심을 가져야 하는 직접민주주의와는 다른 '실시간 대의민주주의'를 만들고자 합니다.

옥소폴리틱스에서는 정치 성향 테스트를 바탕으로 '대한민국 정치 지형도'에서 자신의 위치를 확인하고, 그 위치를 바탕으로 나의 부족(호랑이, 하마, 코끼리, 공룡, 사자)이 정

좌우가 함께 하는 정치 SNS

앱스토어/플레이 스토어에서
"옥소폴리틱스"를 검색해 주세요!

브런치 옥소폴리틱스 이야기:
https://brunch.co.kr/magazine/oxopolitics

옥소폴리틱스 소개 자료와 유호현 대표

해집니다. 배정된 부족을 기반으로 자기만의 닉네임을 가지고 철저하게 익명으로 SNS활동을 하게 됩니다. 정치적 갈등을 줄이기 위해 성향별 커뮤니티를 유지하면서 다른 의견을 살펴볼 수 있게 한 것이 옥소폴리틱스의 특징입니다. 바이든 당선과 정책 예측은 한국인들을 위한 이벤트였습니다. 아직 영문 버전은 없으나 2022년에 출시할 예정입니다. 현재 미국 특허를 취득하고 한국 특허도 진행 중입니다.

<u>박영선</u> 기업 체계가 위계 조직에서 역할 조직으로 가고 있고, 개인이 경력을 쌓아 자체적으로 기업이 되는 시대로 가고 있습니다. 이런 사람들이 많아질 때 국가의 역할은 무엇이라고 생각합니까?

<u>유호현</u> 개인이 자아실현을 할 때 이해 충돌을 풀어주는 게 정치의 역할입니다. 지금은 좌우 양극단의 목소리만 드러나고 있습니다. 다양성을 포용하는 정치가 필요하다고 생각해 정치 데이터 플랫폼을 만들었습니다.

모두 중앙의 통제를 벗어나 각자가 자신의 능력을 최대한 발휘할 수 있는 분산화된 의사결정을 지원하는 시스템입

니다. 정치뿐만 아니라 학교나 기업 등 의사결정이 필요한 모든 곳에 적용할 수 있습니다.

박영선 옥소폴리틱스에 서울시장 관련 내용이 올라오는데, 그날의 이슈에 따라 찬반이 이리저리 바뀌는 거 같았습니다. 여론조사보다 변동이 많아 보였습니다.

유호현 여론조사는 큰 흐름은 정확하나, 그 이유는 잘 반영하지 못합니다. 그러나 옥소폴리틱스를 통하면 그 이유를 알 수 있습니다. 댓글과 채팅창을 통해 솔직한 의견이 나타나기 때문입니다. 진솔하게 대화할 수 있는 문화를 만든 겁니다.

제가 에어비앤비에서 일할 때 배운 점이 그겁니다. 문화적으로 접근하는 겁니다. 에어비앤비는 호스트와 게스트에 대한 캐릭터를 규정하고 접근을 달리합니다. 이와 비슷한 맥락으로 옥소폴리틱스에서는 토론 분위기가 안 좋아지면 '옥소편지'를 읽어보라고 합니다. 옥소폴리틱스에서는 욕설과 비하는 가려지고 동물소리로 바뀝니다. 그러니 암묵적으로 내부의 문화적인 규칙이 만들어졌습니다. 예를 들어 욕을 하면 사람들이 반응을 아예 안합니다. '먹금^{먹이주}

^{기 금지}'이라는 암묵적인 룰이 있는 거죠.

시간이 지나니 옥소폴리틱스 안에도 정치가 생겼습니다. 현실의 정치와 확연히 다른 점은 블록체인 리더들은 변동성이 크기 때문에 진정한 리더십이 있어야 합니다. 리더가 자연스럽게 부상하고 잘못하면 바로 탈락되는 구조입니다. 부족마다 인기스타들이 있는데, 참가자들은 리더들의 예전 포스팅을 모두 볼 수 있습니다. 포스팅 히스토리 때문에 정치 프로파일링이 자연스럽게 형성되는 거죠. 옥소폴리틱스 히스토리를 보면 오히려 정치인을 더 잘 알 수 있습니다.

박영선   옥소폴리틱스와 프로토콜이 어떻게 연결될까요?

유호현   저희 시스템은 탈중앙화 정치 모델이라는 점에서 여러 점을 연결하는 모델인 프로토콜 경제와 닮아있습니다. 앞으로 블록체인 기술과 접목하면 실시간 대의민주주의를 구현할 수 있다고 생각합니다. 예를 들어 개인의 참정권을 '코인'으로 지급해서 자신이 지지하는 정치인에게 부여하면 가능합니다. 코인이 많은 정치인이 대표가 되는 겁니다. 하지만 만약 마음에 들지 않거나 비리를 저지르면 참정권을 회수하고 결국 대의하는 사람이 바뀌게 되는 겁니다.

옥소폴리틱스에서는 정치인들의 활동이 아카이브 형태로 모이기 때문에 이용자들이 과거의 행적을 모두 볼 수 있습니다. 이걸 기준으로 투표를 할 수 있고요. 앞으로는 예비 정치인이 자신의 이름을 걸고 활동할 수 있는 회원제를 도입할 예정입니다. 옥소폴리틱스는 정치인들에게 지지자들의 요구를 파악할 수 있는 필수적인 서비스가 될 겁니다.

현재 전 세계적으로 대의민주주의에 여러 문제점이 발생하고 있고 그에 대한 대책이 시급하다. 가장 큰 문제는 민주적인 대표성과 책임성의 약화, 다양성 부족 등을 들 수 있다. 그런 면에서 옥소폴리틱스는 해결 가능성을 보여주었다. 프로토콜 생태계의 핵심인 공정성, 투명성을 통해 시민 참여를 확대하고 다양한 의견과 문제를 공론화시킬 수 있다면, 또한 정책 결정 과정에서 정부가 정보를 투명하게 공개하고 시민의 역할이 강화된다면, 프로토콜 경제는 나아가 '프로토콜 민주주의'로 발전할 가능성이 있지 않을까.

프로토콜 생태계를 위한
데이터 지원의 필요성

프로토콜 생태계에서 데이터의 의미

박영선 프로토콜 생태계로 갈수록 데이터가 중요해지고 있습니다. 데이터 관련해서 지원이 필요한 부분이 있을까요.

유호현 네, 정부가 만든 데이터를 시민들이 자유롭게 쓸 수 있게 해주지 않아서 좀 이상하다고 생각한 적이 있습니다. 예전에 정부가 200억 원을 들여 만든 '세종 말뭉치'가 있었는데 공개되어 있지 않습니다. 학술적인 목적이라는 걸 증빙해야 쓸 수 있습니다.

오픈코리아텍스트Open Korean Text라는 오픈소스 한국어 처리기를 제가 트위터에 있을 때 만들었는데요, 세종 말뭉치를 활용하는 절차가 너무 복잡해서 제가 일일이 품사 태깅 tagging 을 했던 기억이 있습니다. 세종 말뭉치는 한국어 품사 등이 태깅되어 있어서 굉장히 좋은 데이터인데, 사장될 위기에 처해 있습니다. 아마도 유지보수에 문제가 있는 듯합니다.

이 또한 프로토콜이 해결해줄 수 있는 문제라고 봅니다. 정부에서 폐쇄적으로 관리하거나 독과점하는 문제 등을 해결할 수 있습니다. 프로토콜에서는 보상 시스템으로 분

권화 시스템^{decetralized system}을 구축할 수 있죠.

학술 기관임을 자동으로 인증할 수 있을 뿐만 아니라 데이터 생산 시 각종 영상 콘텐츠를 만드는 사람들에게 돈을 주면, 돈을 받으면서 제2의 세종 말뭉치를 생성할 수 있습니다. 정부가 인프라 구축을 한다면, 자발적인 데이터 세트 생성이 가능합니다(현재 세종 말뭉치의 업그레이드 버전인 '모두의 말뭉치' 버전이 공개된 상태다).

이상헌　말씀대로 인공지능 데이터 세트^{data set}의 문제가 있습니다. 미국에는 번역, 음성인식 기술 개발을 위해 잘 만들어진 데이터가 있습니다. 예를 들면, 영어 목소리를 영어 텍스트로 하는 데이터 세트인거죠. 그러나 한국에는 아직 없습니다. 과기부와 중기부가 만들려고 시도는 했습니다.

데이터 세트는 번역을 할 때마다 만들어집니다. 프로토콜 측면에서 꼭지를 만들려면 200만~300만 쌍을 만들어서 프로토콜 데이터 세트로 이름을 짓고 저작권을 만들어 코인으로 보상해주면 됩니다. 프로토콜 경제는 데이터가 개방되는 긍정적인 측면이 있습니다. 축적된 데이터는 AI 개발에도 큰 도움이 됩니다.

데이터를 세종 말뭉치처럼 개방하고 돈을 대신 돌려주면

된다고 생각합니다. 200만 쌍이면 초기 오픈도 가능합니다. 초반에는 거버넌스(민관협치)로 관리하고 정부와 제휴해서 쓰다보면 추후 데이터가 쌓이면서 자발적으로 커질 겁니다.

박영선 위키피디아인데 사용료가 왔다 갔다 하는 거군요. 그 과정에서 스스로 데이터는 지속해서 축적되고 향상develop 되는 거고요.

유호현 플랫폼 모델에서는 사용자 간 계약이 꼭 체결돼야 하지만 프로토콜에서는 필요하지 않습니다. 블록체인 코인으로 가치를 전환하면 손쉽게 가치를 교환할 수 있습니다. 프로토콜 모델에서 블록체인이 꼭 필요하지는 않으나, 블록체인이 있으면 결제 문제를 쉽게 해결할 수 있다는 장점이 있습니다.

이상헌 콘텐츠, 예술 분야도 마찬가지라고 생각합니다. 예술 작품이 공정하게 거래되는 구조가 AI와 프로토콜이 만났을 때 가능해질 거라고 봅니다.

유호현 　결국 AI와 프로토콜 경제가 시작점이 되는 거죠. 프로토콜 경제라고 국한하기보다는 시대의 전환으로 봐야 한다고 생각합니다. 중앙시스템에 나를 맞추는 체제에서 나에게 체제를 맞추는 체제로 변화하는 거죠.

박영선 　'메리 K마스 산타마스크' 행사에 적합한 모델을 AI로 찾았던 적이 있습니다. 3개의 키워드를 넣고 찾게 했는데, AI가 유명하진 않지만, 적합한 사람을 찾아주었습니다. 일반적으로 유명한 사람만 찾았던 것과는 달랐어요. 결국 새로운 얼굴을 찾았어요. AI가 찾아낸 모델에 모두가 동의했고 비용도 절감했습니다. 오히려 민주적이고 공평하다는 생각이 들었습니다.

유호현 　데이터 분석을 기반으로 선택을 하면 '이럴 거야'라는 선입견이 많이 깨집니다. 꼭 AI가 아니라 해도 데이터를 기반으로 결과를 내면 많이 달라집니다. 전문가들의 기득권이 줄어들고 평등한 결과가 나올 가능성이 커지는 거죠. 비슷하게 드라마 대본을 보고 얼마의 시청률을 낼 수 있는가를 AI가 예측하고, 주연은 유명하나 조연은 적합도가 높은 사람을 추천한 것으로 알고 있습니다. 현재는 변화가 빨라서 기술 창업보다 콘텐츠가 중요한 시대가 되어가고 있는 것 같습니다.

이상헌 제일 중요한 것은 콘텐츠, 두 번째는 AI를 바탕으로 한 기술이라 생각합니다.

박영선 이제는 정부가 콘텐츠를 어떻게 지원할 것인가를 고민해야 할 때네요.

이상헌 콘텐츠 생산자의 실력과 레퍼런스reference를 플랫폼이 독식하고 있습니다. 만약 생산자들에게 보상을 많이 준다면 생산이 크게 늘지 않을까 합니다. 저희는 '천하제일번역대회'를 열 예정인데요, 1~3등까지 개인 커리어에 큰 도움이 됩니다. 비단 번역뿐만 아니라 영상, 아트 등의 모든 콘텐츠도 마찬가지입니다.

유호현 정부도 프로토콜 경제로 투명하게 세금 집행을 하는 세상이 되면 좋겠습니다.

박영선 저는 프로토콜 모태 펀드를 만들어야 한다고 생각합니다.

펀드를 만들어서 벤처캐피털[VC]에서 투자하는 형태로도 가능할 것 같네요.

프로토콜 생태계가 실현되려면

이상헌 한국에서 스타트업에 대한 연구를 할 수 있는 제반 환경이 부족한 것 같습니다.

유호현 데이터 축적이 문제입니다. 중국은 정부가 데이터를 나눠 줍니다. 그런데 한국어 처리 관련 프로그램은 개별적으로 데이터를 모아야 합니다. 해외에서 한국어 서비스가 없는 이유입니다. 한국어 처리 솔루션이 없어서 포기하는 경우가 많거든요. 오픈소스로 공개하면 해외에서 만든 서비스의 한국어 서비스도 향상될 겁니다. 굳이 중복 개발을 하지 않아도 되는 일에 많은 에너지를 쏟고 있는 것 같습니다.

이상헌 정부 주도로 스타트업에 지원해 빠르게 움직이면 됩니다.

유호현 대기업은 같은 분야에서 경쟁을 하니 서로 오픈할 수 없지만, 중소기업은 서로 다른 분야의 일을 하기 때문에 오픈 소스가 더 좋습니다. 새로운 것을 만드는 일이라기보다는 리드하는 거라고 생각합니다. 자연스럽게 전환될 텐데 변화가 너무 빠르니 국가의 지원이 필요합니다.

프로토콜 경제에서 프로토콜 민주주의로 옮겨가는 중이라고 보아도 좋을 것 같습니다. 과거의 리더십은 선각자적인 리더십이었지만, 지금은 자신의 통찰력으로 공감대를 형성하며 참여시킬 수 있는 사회를 원하고 있습니다. 비슷한 산업군뿐만 아니라 다른 산업군이 만나 연결되는 것도 중요한 시대입니다.

이상헌 다양한 것이 모여 새로운 꽃이 피는 사회가 될 것입니다.

박영선 프로토콜의 실현화는 경제 문제가 아니라 정치 문제일 수도 있다는 생각이 듭니다. 정치적인 해결이 필요합니다. 연결이 중요한 프로토콜 생태계에서는 최고와 최고가 연결되면서 최상의 무언가가 만들어질 거라 느껴집니다. 프로토콜 경제를 이야기하니 플랫폼 경제에서 짓눌렸던 사람들이 희망을 보는 느낌도 듭니다. 각자의 자리에서 빛을 내고 멀리서 보면 엄청나게 멋진 무언가를 보게 될 겁니다.

지난 200년 동안 플랫폼의 개념은 없었다. 50년 동안 압축해 산업화를 이루면서 화학 등 중공업 중심으로 삼성, 현대, LG 등 1세대 기업들이 탄생했다. 2000년대 김대중 대통령 집권 하에서 초고속 인터넷 망이 깔리면서 네이버, 다음, 카카오, 엔씨소프트 같은 2세대 기업들이 탄생했다.

이제 3세대 기업이 탄생할 시기이다. 4차 산업혁명에서 플랫폼 기업을 글로벌화하기 위해 힘껏 후원하고 있다. 유니콘 기업을 키우기 위해서다. 앞으로 3세대 기업은 프로토콜 기업이 되리라 본다.

중소벤처기업부 장관으로 취임한 이후, 처음에는 어떻게 끌고 갈 것인지 앞이 보이지 않았다. '상생과 공존'이라는 키워드를 만들고 미래팀을 만들어 빅3 분야 D.N.A.(시스템반도체·미래차·AI) 스타트업을 지원하는 것부터 시작했다. 원래는 특정 업종이 아니라 기업으로 접근하는 부서였다. 기업들이 독립적으로 지원을 받았기에 처음에는 어려운 점이 있었다.

강력한 '연결의 힘'을 알게 된 건 1년 8개월 동안 기업들을 서로 연결해주면서다. 이후로 새로운 경제 생태계를 몸소 실천하기 위해 여러 시도를 했다. 분명한 건 지금까지는 정부가 기업을 연결하는 '플랫폼'으로서의 역할을 해왔다면 이제는 투명함과 공정함이 더해진 '프로토콜 정부'로 나아가야 한다는 점이다. 그렇게만 할 수 있다면 프로토콜 경제는 골리앗을 제압한 작지만 강력한 다윗의 물맷돌처럼 우리나라를 일으켜 세울 핵심 무기가 될 것이다.

배달의민족은 최근 '프로토콜 경제'의 첫 모델이 되었다. 중기부의 '자상한 기업'으로 합류했고 500억 원 규모의 자금을 소상공인의 안정적인 영업을 위해 조성하기로 했다. 프로토콜 경제를 상생협력으로 실행하기 위해 마련하는 자금이다. 우아한형제들은 플랫폼 데이터를 공공영역에 제공하고, 소상공인과 배달 플랫폼 업체의 동반 성장을 위한 상생협의회도 새로 구축하기로 했다. 프로토콜 경제를 실현하기 위한 첫 시동을 건 것이다. 프로토콜 경제는 이제 시작이다.

3장 사람을
연결하는 힘

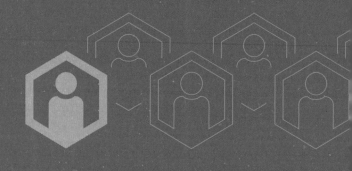

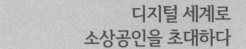

디지털 세계로
소상공인을 초대하다

소상공인과 함께 울다

이해인 시인은 시 〈봄과 같은 사람〉에서 '늘 희망하는 사람',
'따뜻한 사람', '온유한 사람', '어려움 속에서도 희망과 용기를
새롭히며 나아가는 사람'을 이야기합니다.
코로나19로 서울 시민들은 아픔과 고통을 겪고 있습니다.
우리는 코로나19의 어두운 터널을 지나가야 합니다.
인내하고 견디어야 할 시간이 여전히 남아있습니다.
새로운 봄을 가져올 사람이 필요합니다.

코로나19로 다사다난했던 한 해를 마무리하는 2020년 12월, 중
소벤처기업부 장관의 공식 일정으로 서울시 노원구 공릉동 도깨
비시장의 한 식당을 방문했다. 지원금 액수가 내 마음에 미치지
못해 죄송한 마음뿐이었다. 위로와 격려의 말들이 머릿속을 맴돌
았지만 그저 "버티어주셔서 감사하다"는 말밖에 나오지 않았다.
그럼에도 '소상공인 버팀목자금'을 신청해서 바로 받았다고 고마
워하시며, 임대료 때문에 힘들었는데 큰 도움이 되었다고 눈물을
훔치셨다.

"버팀목자금이 큰 버팀이 됩니다."

사장님의 이 한마디에 나도 모르게 눈시울이 붉어졌다. 이처럼 어려운 시기에 버티어주시는 모습에 진심으로 감사했다. 다소나마 밝아진 사장님들의 표정을 보며 오히려 내가 위로를 받았다. 서로를 위로하고 버팀목이 되어주는 국민과 밤낮으로 애쓰는 실무진들을 생각할 때마다 도움이 되는 사람이 되겠다고 다짐한다. 비록 지금은 혹독하게 춥고 힘겨운 겨울이지만 미리 올 봄을 준비하는 사람이 되고자 한다. 봄이 오면 더 풍성한 꽃을 피울 수 있도록.

코로나19로 지역경제의 버팀목인 소상공인과 중소기업들이 많은 어려움을 겪고 있다. 중소벤처기업부에서는 2020년 추석 때 지급했던 소상공인 '새희망자금'에 이어 '버팀목자금'을 마련해 지급하고 있다. 중기부 장관 시절, 영업 제한 중인 소상공인의 임차료 등과 같은 고정비용 부담에 도움이 되기를 바라는 마음으로 정신없이 뛰어다녔다. 그 결과 소상공인 버팀목자금은 자영업자 280만 명을 대상으로 총 4조 1,000억 원 규모가 되었다.

다행히 집행 3일 차에 전체 대상의 84%가 신청을 했고, 76%의 소상공인들에게 지급이 완료되었다. 더욱이 집합금지 및 영업제한 업종, 매출 4억 원 미만 일반 업종에서 놓치는 국민이 없도록 소상공인 데이터베이스를 보완해 시각지대를 최소화했다. 소상공인들에게 조금이나마 힘이 되고 싶어 하는 중소벤처기업부 소상공인정책과 실무진의 노고가 정말 컸다.

초과근무를 감수하며 중기부 실무 직원들은 2020년 12월부터 각 지자체와 교육부, 국세청 등과 긴밀히 협력했다. 그야말로 정부 간 네트워크 파워이자 진정한 거버넌스 체제의 실현이었다. 그리하여 지원대상자 데이터베이스를 구축하고 정리하는 산고를 거쳐 '당일 신청, 당일 지급'이라는 목표 아래 최선의 결과를 낳았다. 전 세계적으로 인구 5,000만 명 이상인 나라 중에서는 가장 빠른 속도라 자부한다. 게다가 새희망자금 지급인원이 250만 명이었으나 국세청의 협조를 받아 사각지대에 있던 26만 명을 추가 발굴해 지원대상에 포함시켰다.

인터넷 커뮤니티에 "수도가 얼어서 영업도 못 하고 있는데 입금돼서 기쁘다", "저녁 장사 포기한 지 오래인데 이 와중에 재난지원금을 받으니 감사하다"는 사연들이 많이 올라왔다. 소상인들이 '버팀목자금' 지급에 기뻐하는 모습에 뿌듯했다. 담당 공무원들의 진정한 헌신이 없었다면 불가능했을 일이다. 이 기회를 빌려 담당자들의 노고에 감사의 말을 전한다.

대한민국 동행세일과 라이브마켓

마음 같아서는 소상공인들에게 부족함 없이 넉넉한 지원금을 드리고 싶다. 그러나 국민의 귀중한 세금으로 지원금을 책정하고 지급하기에 한계가 많다. 더구나 코로나19는 하루 이틀에 사라질 현상이 아니었기에 소상공인을 도울 새로운 방식을 마련하는 일이 절실히 필요했다.

소상공인에게 가장 즐겁고 행복한 일은 무엇일까? 물건이 잘 팔리는 것이 아닐까? 코로나19로 타격을 입은 소상공인과 자영업자를 돕고 꽁꽁 얼어붙은 소비를 진작시키기 위해 2020년 6월에 '대한민국 동행세일'을 열었다.

행사 이름을 지으면서 '동행'이라는 말로 소상공인들과 '함께 간다'는 마음을 표현하고 싶었고, 디자인에도 '작은 날갯짓 하나가 만드는 대한민국의 미래'라는 의미를 담아 진행했다. 대한민국 동행세일은 정부와 서울, 청주, 부산, 대구, 전주, 창원 등의 지방자치 단체들이 함께해주었다. 전국적으로 6,000여 개가 넘는 경제 주체가 참여해 순차적으로 지역별 행사가 진행되었다.

이렇게 이루어진 동행세일은 농산물부터 자동차에 이르기까지 다양한 품목을 할인 판매하여 소비자와 소상공인을 연결하고 활력을 불어넣었다. 오프라인 판매뿐만 아니라 온라인으로 물건을 살 수 있다는 점이 매력적이었다. 나는 무엇보다 '디지털 경제'에 국민이 친숙해질 수 있는 계기를 마련하고자 했다. 내심 온라인 판매를 통해 각 지역에서 생산되는 물건이 대한민국뿐만 아니라 전 세계로 팔릴 수 있다는 가능성을 국민에게 분명히 보여 주고 싶었다.

특히 K팝과 K라이브커머스를 연계해 전 세계에 동행세일을 홍보했던 점이 성공적이었다. 전 세계에서 접속자 수가 무려 85만 명, 좋아요 숫자가 4,500만 개, 댓글이 15만 개가 넘었다. 더구나 행사 내용은 9개 국어로 동시통역되어 방송되었는데, 댓글

대한민국 동행세일에 모여든 사람들
출처: 연합뉴스

도 9개 국어로 다채롭게 들어왔다. 글로벌 아이돌 그룹 NCT 드림이 동행세일의 홍보대사를 맡고 2~3회에 걸쳐 라이브커머스를 진행하면서 NCT 드림이 방문한 점포에서는 멤버들이 산 잠옷, 목걸이 등이 모두 매회 완판되는 기록을 세웠다. 동행세일은 온라인 판매의 가능성을 충분히 보여준 성공적인 행사였다. 당시 집계로 내수가 전년 대비 106%까지 회복되었다는 가슴 뛰는 결과를 받아들고 얼마나 기뻤는지 모른다.

행사 내내 새로운 방역 매뉴얼을 제작하고 5중 방역을 실시했으며 'K방역'을 눈앞에서 보여줄 수 있는 기회이기도 했기 때문에 철저하게 모니터링했다. 우리 주변의 모든 경제활동은 철저한 방역으로 가능하다는 걸 입증하면서 해외에서도 좋은 사례로 소개가 되었다.

유럽 상공회의소에서 만난 로레알, 샤넬 등의 브랜드 지사장들이 매출의 회복세가 한국에서 일어나고 있다며 행복하다고 웃으면서 말했던 기억이 난다. 코로나19 시대에서 회복세가 있는 나라가 전 세계에서 2~3곳밖에 되지 않는데 그중에 하나가 한국이라고 했다. 그래서인지 유럽은 '대한민국 동행세일'을 더욱 주의 깊게 바라보았다.

온라인과 오프라인을 연결해 소상공인의 매출을 끌어올리려 한 노력이 빛을 보았다. 대한민국 동행세일의 성공에 힘입어 한발 더 나아가 12월에는 '2020 K-MAS 라이브마켓'을 열었다. 온라인 '가치삽시다' 플랫폼과 라이브마켓을 함께 연계한 행사였다. 크리스마스에 봄을 기다리는 문, '건춘문' 앞에서 황금빛으로 물든 아름다운 삼청로를 바라보며 인사말을 했던 기억이 아직도 생생하다.

K-MAS 라이브마켓은 다양한 비대면 스마트 기술의 장이 되었다. 소상공인의 디지털 전환을 지원한다는 의미로 AI를 이용해 행사 아역 모델을 캐스팅하는 특별한 프로젝트도 진행했다. 데이터 기반으로 AI가 추천해준 모델은 드라마 〈슬기로운 의사생

2020 K-MAS 라이브마켓
출처: 연합뉴스

활)에 출연한 아역배우 김준이었다. 이전 행사에서 모델을 사람이 선정했을 때는 호불호가 갈리곤 했는데, AI가 선정한 모델에는 모두가 만족했다. 가장 적합한 모델을 찾기 위해 디지털 기술을 이용하는 과정을 통해 4차 산업혁명 시대가 얼마나 우리 삶에 다가와 있는지 실감할 수 있었다.

또한 오프라인 라이브마켓 현장에서는 다양한 스마트 기술을 활용해 무인 판매 부스를 운영했다. 라이브마켓을 찾는 소비자가 무인 판매 부스에서 전시 제품을 최대 50% 할인된 가격으로 구매할 수 있었다. 손을 상품에 가까이 대기만 해도 모니터에 상품 정보가 뜨고 구매할 수 있는 세계 최초의 비접촉 터치스크린 방식이었다. 또한 현장에서 구매와 배송을 한 번에 해결할 수 있는 새로운 기술을 선보였다. 모두 소상공인의 비대면 판로를 위해 개발된 디지털 기술이었다.

코로나19로 매출 감소의 어려움을 겪고 있는 소상공인에게 무인 판매 부스는 제품을 홍보하고 판매할 수 있는 소중한 기회였다. 9일간 30여 개의 온라인 플랫폼, 350개의 전통시장, 2,117개의 동네슈퍼, 1만 3,000여 개의 소상공인·중소기업이 참여했고 총 739억 원의 매출을 올릴 정도로 성공적이었다.

감사하게도 동행세일 이어달리기 동안 많은 국민이 뜨거운 관심을 보여주셨고 적극적으로 참여해주셨다. 중소기업·소상공인을 응원하는 국민 한 사람의 날갯짓이 거대한 폭풍이 되어 되돌아온 것이기에 묵직한 감동과 더불어 무거운 책임감이 느껴졌다.

대한민국 소상공인의 '디지털화'

현재의 산업 생태계를 보면 팬데믹이라는 어려운 시국에도 살아남는 기업들은 비대면 업종의 비율이 커지고 디지털 시대로 빠르게 바뀌고 있음을 알 수 있다. 중소벤처기업부 장관 시절, 나는 빠르게 다가오는 시대를 준비시키려면 '소상공인의 디지털화'가 절실하다고 판단했다. 약육강식의 법칙이 지배하는 산업 생태계의 '정글' 속에서 소상공인들은 변화에 발맞추지 못하면 살아남을 수 없다. 나는 우리나라 전체 기업의 99%를 차지하는 중소기업과 소상공인들이 디지털화하지 않고서는 21세기 대한민국 국가경쟁력이 속도를 낼 수 없을 것이라 생각했다.

나는 중소벤처기업부 장관이 되면서 '상생과 공존', '작은 것을 연결하는 힘'이라는 슬로건을 내걸었다. 이 정신으로 기존 전통 소상공인들을 디지털 경제로 초대하고 지원하기로 했다. 디지털 경제로의 대전환, '스마트 대한민국'의 국정운영을 시작한 것이다. '2020 K-MAS'가 온라인에 방점이 있는 것도 이 때문이었으며, 최종적으로는 소상공인 전용 채널 '가치삽시다'를 비롯해 소상공인의 매출을 디지털 기반 판매로 전환하고자 했다.

다른 한편으로 전통시장의 경우, 다행스럽게도 제로페이 Zero Pay 결제 지원은 물론이고 전통시장 온라인 장보기가 확산되고 있다. 전통시장의 디지털 전환의 기반을 마련하기 위해서 약 1,500명의 청년 인력을 활용해 전국 전통시장 관련 데이터를 수집했고, 마련된 데이터를 바탕으로 디지털 매니저 지원과 배달 플랫폼과 협업은 물론 소상공인 간편결제를 지원할 수 있었다. 최소한 2025년까지는 디지털 전통시장을 500곳 이상 만드는 것이 중소벤처기업부의 당찬 목표다.

디지털 매니저들은 전통시장 사장님들을 직접 찾아가 디지털 결제와 온라인 판매를 위해 필요한 사항들을 체크하고 소상히 알려드린다. 현재 이를 위한 시스템을 구축하고 있다. 곧 배달 플랫폼과 협업해 전통시장이 근거리 배달과 전국 배송 체계를 갖추게 될 것이다. 다른 결제 수단보다 수수료가 저렴한 제로페이 가맹점은 지속적으로 확대되고 있고, 제로페이 결제액은 2020년 11월 기준 1조 원을 넘어섰다. 작은 연결의 노력이 강한 힘을 발하는 빛이 되기 시작했다고 본다.

전통시장뿐만 아니라 소상공인의 상점도 디지털화를 위

중기부 장관 시절 신매시장을 찾아가 상인들을 만나는 모습

해 애쓰고 있다. 작년 세밑에 중기부에서 지원한 5개의 시범점포 중의 하나인 서울 동작구의 '형제슈퍼'를 찾아갔다. 중기부에서 지원한 5개의 시범점포 중의 하나였다. 2020년 9월 말, 형제슈퍼가 '스마트슈퍼 1호'로 문을 연 이후 하루 평균 매출이 25.4%가 증가했다는 기쁜 소식을 들었다. 이렇듯 동네 슈퍼마켓도 디지털 전환을 위해 다양한 시도를 하고 있다.

스마트슈퍼란 낮에는 유인, 심야에는 무인으로 운영되는 상점을 말한다. 이마트24의 지원으로 무인 출입장비, 무인 계산대, 보안시스템 등 다양한 스마트 기술과 장비가 매장에 도입되었다. 무엇보다 오전 9시부터 자정까지 영업을 하며 하루 16시간 가까이 일하던 형제슈퍼의 사장님에게 '저녁 있는 삶'을 선물한 것이 보람으로 남았다.

우리가 흔히 볼 수 있는 동네 가게인 형제슈퍼를 통해 우리는 스마트슈퍼의 확산 가능성을 확인했다. 매년 전국 800개씩 총 4,000개의 스마트슈퍼를 2025년까지 개점하는 것이 나의 목표였다. 더불어 셀프 계산대, 출입인증장치, 무인자판기, 전자가격표시기 [ESL], 스마트음성안내 등 다양한 스마트 기술을 사업장 특성에 맞게 보급하는 사업도 병행하기로 했다.

새로운 경제 생태계를
만드는 사람들

코리안 드림을 보여준 방준혁 대표

코로나19가 시작된 2020년 초부터 나는 위기를 기회로 만든 사람들에 대해 써보면 어떨까 하는 생각이 들었다. '개천에서 용이 되다'라는 이름을 붙여 말 그대로 내가 만났던 '개천에서 용이 된 기업인' 이야기를 페이스북에 쓰기 시작했다. 고난과 실패를 극복하고 새로운 인생을 일군 사람, 신세대 기업가 정신이 있는 사람, 자신이 받은 축복을 사회로 돌려주고 싶은 사람들의 이야기였다. 어려움 속에서도 꿋꿋하게 일어선 혁신벤처기업들의 이야기를 풀어놓아 코로나19 시대에 힘들고 지친 국민에게 희망과 위안을 드리고 싶었다.

'개천용 시리즈'의 첫 번째 이야기 주인공은 넷마블 의장인 방준혁 대표였다. 방준혁 대표는 대한민국 게임업계의 거목으로 성장했지만, 경제적으로 몹시 어려운 어린 시절을 보냈다. 가난이 지겨워 다시는 고향 땅을 밟지 않겠다고 다짐했던 적도 있다고 했다. 방 대표는 국회의원 시절 지역구였던 구로구 가리봉동의 일명 '벌집촌'에서 어린 시절을 보냈다.

벌집촌은 방송기자 시절 〈박영선의 사람과 세상〉이라는 프로그램을 진행하면서 취재했던 곳이다. 그 당시 벌집촌은 한 울타리 안에 작은 집들이 다닥다닥 모여 있는 가난한 동네였다. 유독 이주해온 사람들이 많았던 곳이었다.

산업화의 격동기에 '서울의 꿈'을 품고 맨몸으로 상경한 사람들의 진한 땀 냄새와 삶의 향기가 아직도 잊히지 않는다. 동시에 그곳은 편부모 가정의 아이들과 대학생을 연결해 멘토 역할을 해주는 자원봉사자들이 있는 곳이기도 했다. 아무런 보상과 대가도 바라지 않는 따뜻한 빛과 같은 사람들이 있는 곳이었다.

방준혁 대표는 어려웠던 집안 형편 탓에 이삿짐도 수시로 싸고, 초등학교 시절 학원비를 마련하기 위해 신문배달 아르바이트를 할 정도였다. 경제적으로 어려웠던 어린 시절을 이겨내고, 인터넷 영화 사업과 위성인터넷 사업의 실패도 견뎌야 했다. 두 번의 사업 실패 후, 2000년 8명의 직원과 자본금 1억 원으로 게임회사를 설립하고 지금의 '넷마블'을 키워냈다. 그가 스스로 '진품 흙수저'라고 부르는 이유다.

방 대표는 돌아가지 않으려 했던 고향 구로에 자신이 살던 가리봉동을 굽어볼 수 있는 빌딩을 짓고 싶다는 꿈을 꾸었다. 그때 구로구 국회의원으로 있던 나는 방준혁 의장을 처음 만났다. 그의 꿈이 곧 구로의 꿈이 되고 나의 꿈이 되는 순간이었다. 나는 넷마블의 신사옥에 구로 벌집촌의 역사를 담은 '구로역사 박물관'을 넣자고 제안했고, 그는 흔쾌히 받아들였다.

넥슨과 엔씨소프트 등 판교 테크노밸리에 모여 있는 게

임사들과 달리 서울 구로에 터를 잡고 확장해온 것만 보아도, 방준혁 대표의 구로에 대한 애착을 짐작할 수 있다. 2021년에는 4,000억 원가량을 투자한 지하 7층 지상 39층 규모의 신사옥이 마침내 문을 연다.

2020년 5월에 중소벤처기업부 장관으로서 다시 그를 만났다. 2021년에 문을 여는 신사옥의 정원을 시민들에게 개방하는 방안에 대해 이야기를 나누었고, 후배 기업을 키우는 '스마트 대한민국 펀드'의 멘토 기업으로서 적극 투자하겠다는 의지를 보였다. 신사옥에는 넷마블 외에도 다양한 IT·디지털 콘텐츠 기업들이 입주할 계획이다. 그는 다시는 오고 싶지 않았지만, 운명적으로 다시 구로로 돌아왔다며, 첨단 IT산업의 메카를 짓고 지역 주민과 상생할 수 있는 시설을 만들 계획이라며 감회가 깊다고 했다.

오뚝이 정신을 지닌 김봉진 의장

방 대표와 비슷한 사람이 한 명 더 있다. 배달의민족 김봉진 의장이다. 김봉진 의장은 스타트업계에서 보기 드문 공고, 전문대 출신이다. 몇 번의 사업 실패를 딛고 무자본 창업으로 뛰어들었다.

컴업 2019 브리핑에 참석한 박영선 전 장관과 김봉진 의장

부인에게 생활을 맡기고, 마지막이라 생각하고 창업했다.

즐기며 일하자고 만든 스타트업 '우아한형제들'이 10년 만에 기업가치 4조여 원의 유니콘 기업이 되었다. 그는 사유재산 100억 원을 기부해 저소득층 자녀의 학자금을 지원하고 이외에도 사회적 책임을 다하는 기업인이 되려고 노력하고 있다. 이 또한 힘들었던 시절이 만들어낸 내공이 만든 선물이리라.

2019년 11월 컴업 개막식에서 한국스타트업포럼 회장으로서 그를 처음 만났다. 이후 4조 원의 매출을 이룬 스타트업 대표로 부러움을 샀으나 배달의민족과 독일기업과의 합병이 발표되면서 반대하는 목소리가 커졌다. "한민족이 게르만민족이 되는 것 아니냐"는 네티즌의 비판과 소비자들의 우려가 있었다. 그뿐인가. 수수료 체계를 바꾸겠다고 발표하자, 소상공인은 물론이고 소비자들까지 일제히 반대하는 상황이 벌어졌다.

다시 김봉진 의장을 만났을 때 그는 힘이 쭉 빠져 있었다. 경험 부족이라며 반성한다고 했다. 사람들이 진심을 알아주지 않는 것에 내심 섭섭해하는 것 같기도 했다.

"지금은 위기 상황이라 더 힘들어하는 자영업자들의 마음을 다독여야 할 때입니다."

내 말에 그는 선뜻 외식업중앙회와 소상공인연합회가 상생기금을 마련해 소상공인에게 보탬이 되는 일을 하겠다고 했다.

2020년 4월, 김봉진 의장으로부터 전화가 왔다. '수수료 개편 백지화 결심'을 내게 알리는 전화였다.

"잘했어요. 소상공인이 있어야 배민도 있는 거지요."

"'수수료 인상 안 하겠다'는 장관님과의 약속 지켰습니다."

목소리에는 조금 힘이 없었지만 홀가분한 표정을 한 김봉진 의장의 모습이 그려졌다. 작은 '연결'이 하나 더 이루어졌다는 생각이 들었다. 그리고 최근 김봉진 의장에 관한 기쁜 소식이 전해졌다. 김 의장이 1조 원대에 이르는 재산 중 절반 이상을 사회에 환원하기로 결정한 것이다. 5,000억이 넘는 통큰 기부에 언론 보도와 시민들의 칭송이 쏟아졌다. 함께 살아가기 위한 나눔과 공유의 정신이 이젠 기업 경영에서도 중요한 가치가 되었다.

위기를 기회로 바꾼 김슬아 대표

코로나19의 위기를 기회로 만든 기업들은 비대면 온라인 플랫폼이 많다. 우리나라 비대면 온라인 경제의 수혜는 김대중 정부 시절 전국적으로 깔린 초고속 인터넷망이 있었기에 가능했다. 어디든 설치되어 있는 CCTV의 덕도 톡톡히 누리고 있다. 코로나19로 전 세계적으로 사재기 현상이 일어났으나 대한민국만은 그렇지 않았다. 빠른 인터넷 주문과 배송이 가능했기 때문이다.

비대면 온라인 경제의 수혜를 입은 기업 중 '마켓컬리 Market Kurly'는 단연 날개를 달았다고 해도 과언이 아니다. 2월부터 주문량이 폭발적으로 늘기 시작했고, 비수기인 4~6월도 증가세가 이어졌다. 총 4,200억 원 규모의 투자 유치에도 성공하면서 마켓컬리는 유니콘 기업 후보에 올라섰다.

마켓컬리 김슬아 대표는 늘 검소하면서도 편한 차림으로 다닌다. 그를 만났던 마켓컬리 본사 지하 회의실도, 마켓컬리의 철학과 서비스도 그와 닮아 있었다. 놀랍게도 마켓컬리는 아직 흑자를 내지 못했다. 투자비용이 많이 들어간 까닭이다. 그는 2년 안에는 흑자를 낼 수 있다고 말했다.

매출 1조 원을 넘어설 때까지 김슬아 대표는 치열한 시간을 보냈다. 가장 큰 위기는 코로나19 확진자가 처음 발생했을 때였다. 그는 상온 물류센터를 즉시 폐쇄하고 300여 명의 직원 전원을 자가 격리 조치했다. 해당 물류센터에 있던 상품 전체를 방역이 끝날 때까지 판매하지 않았다.

또한 소비자와 입점 업체들에 대한 대처도 잊지 않았다. 고객에게 모든 처리 과정을 공유하고 언론에 알려지기 전에 입점 업체에게도 미리 연락해 향후 주문량 하락에 대비하라고 당부했다. 한 입점 업체 대표가 "상생하는 기분을 맛봤다"고 말했다는 이

자상한 기업 컬리 MOU에서 인사를 나누는 박영선 전 장관과 김슬아 대표

야기를 들었다. 위기 이후 마켓컬리를 향한 소비자와 공급자의 신뢰도가 높아졌고 위기는 기회가 되었다.

여러 분야에서 여성의 대표성이 높아지는 것은 매우 긍정적인 신호다. 그러나 아직은 성공한 여성기업 대표를 찾기가 쉽지 않다. 기업 분야는 여성이 벽을 넘어서기 힘든 대표적인 분야다. 여성 정치인의 비율은 15%가 조금 넘는데 여성 기업인은 별로 없다. 우리 사회의 지속 가능한 발전을 위해서도 성공한 여성 기업인이 늘어나야 한다.

나는 MBC 최초의 여성 경제부장과 최초의 여성 특파원을 거치며 여성 특유의 감수성과 섬세함 그리고 부드러움이 강점이 될 수 있다는 사실을 깨달았다. 2004년 17대 국회의원으로 의정생활을 시작한 뒤 첫 여성 법사위원장, 첫 여성 원내대표 등을 맡으며 나는 정치 영역에서 유리 천장을 깨왔다. 정직, 성실, 믿음 그리고 프로정신에 '여성다움'이 보태지면 더할 나위가 없다고 생각한다. 괴테가 《파우스트》에서 여성다움이 결국 이 세상을 이끌어간다고 했듯이 말이다.

2021년 마켓컬리는 새 둥지를 마련한다. 창업 5년 만에 종업원 1천 명을 넘기며 유통시장에 새로운 장을 열었던 것처럼, 이제 마켓컬리가 유니콘 기업으로 거듭나 경제 회복의 견인차가 되기를 바라본다.

구독경제를 실천하는 정중교 대표

마켓컬리와 결이 비슷한 기업으로 '프레시지Fresheasy'가 있다. 프레시지는 가정식 구독 서비스를 제공하는 기업으로 흔히 '밀키트Meal Kit' 회사로 알려져 있다. 프레시지의 정중교 대표는 36세 청년이다. 지금에야 익숙하지만 정중교 대표가 밀키트 시장을 만들겠다고 덤벼들었던 2016년만 해도 그렇지 않았다. 투자자들에게 아이템을 이해시키는 데만 30분이 걸렸다. 이제 프레시지는 연매출 1,300억 원의 어엿한 기업으로 성장했다.

정중교 대표는 대학 시절부터 워렌 버핏을 꿈꿨다. 투자 동아리에서 공부를 시작해 투자자문회사에서 일했던 경력이 있다. 투자가를 꿈꾸던 그는 2016년 구리의 작은 창고에서 프레시지를 시작했다. 프레시지는 소상공인들이 고정수입을 확보할 수 있는 '구독경제'를 실천하고 있다. '소상공인 디지털화'에 이어 '소상공인 구독경제 생태계 만들기'는 중소벤처기업부의 2021년 중점 사업이다. 1인 가구와 독거노인들에게 유용한 밀키트 사업은 소상공인의 구독경제를 구현하는 중요한 부분이 되리라 생각한다.

2020년에는 용인공장도 준공했다. 용인공장 사무실 층에는 다른 스타트업 회사도 입주해 있었다. "같은 일을 하는 스타트업에 무료로 사무실을 제공하고 있습니다. 처음 사업 시작할 때 많이 힘들어서 서로 도움이 되어 윈윈하려고요."

이처럼 프레시지는 받았던 도움을 돌려주는 실천을 이미 시작하고 있었다. 게다가 프레시지는 혁신 스타트업 중 최초로 중소벤처기업부의 '자상한 기업'으로 선정되었다. '자상한 기업'은 대기업이 가진 기술과 인프라를 중소기업·소상공인과 공유하며 자발적으로 상생 협력하는 기업을 말한다.

프레시지는 정중교 대표가 30세였던 2016년 가정간편식 전문기업으로 출발해 5년 만에 대규모 양산 체제를 갖춘 큰 회사로 일궜다. 특히 온라인 시장 그리고 가정간편식 시장의 폭발적인 확대에 힘입어, 직원이 2018년 69명, 2019년 263명이었는데, 2020년 약 1,000명까지 늘었다. 코로나19의 위기를 기회로 만든 대표적인 회사다. 정부가 어떤 방식으로 마중물 역할을 해야 하는지 생각해보는 데 좋은 본보기가 되는 기업이다.

공감은 정책의 시작이다

상생의 연결, 자상한 기업

정책을 만드는 일은 국회의원에게 주어진 가장 중요한 역할이다. 하나의 정책이 탄생하기까지의 여정은 길다. 정책 이해관계자들을 이해시키고 설득해야 하는 지난한 과정이 필요하다. 이런 경우 상대를 잘 설득하고 그 안에서 좋은 평가를 이끌어내야 한다. 미국의 44대 대통령인 오바마는 이에 탁월한 인물이었다.

국민을 위해 만들어내야 하는 정책이라면 정치적인 입장을 막론하고 한 명 한 명을 만나 설득했다. 결국 오바마는 공감을 이끌어내고 다른 정치 진영 간의 연결을 통해 결과를 만들어냈다. 이것이 바로 오바마만의 리더십이라고 생각한다.

나는 중소벤처기업부 장관이 되고 나서 오바마와 같은 리더십이 필요하다는 생각이 들었다. 다행히 '되는 것도 없고 안 되는 것도 없는' 국회의원 시절 몸에 밴 설득의 구력이 조금은 빛을 발했다. 방송국 경제부장을 하던 시절보다는 조금 더 여유가 생겼고 시각도 넓어졌다. 장관이 되어 좋았던 점은 정치적인 이해관계보다 국민에 대해 더 고민하는 시간이 많았다는 것이다. 우리나라 경제의 주축을 이루는 중소기업, 벤처기업, 소상공인, 자영업자들과 함께 고민하고 이야기하다 보면, 자연스럽게 정책의 대상자를 가장 먼저 생각하게 된다. 장관을 지내며 공감은 정책의 시작이며, 나는 정책을 위해 '연결'을 만드는 사람이라는 걸 깨달았다.

정책입안자로서 국민을 서로 연결시키고 함께 시너지를 내게 하는 일에 큰 희열과 보람이 있었다. 그중 하나가 평소 강조해온 '상생과 공존'의 개념 아래 만든 '자상한 기업' 정책이다. '자상한 기업'은 '작은 것을 연결하는 강한 힘, 중소벤처기업부'를 모토로 장관 취임 이후 첫 번째로 추진한 정책이었다. '자상한 기업'이라는 이름 역시 내가 직접 지었을 정도로 애정이 컸다.

'자상한 기업'은 자발적 상생기업이다. 말 그대로 자본과 노하우를 자발적으로 협력해 혁신기술을 공유하는 기업을 일컫는다. 이로써 대기업과 중소기업, 스타트업이 서로 연결될 수 있다. 자상한 기업을 선정하면서 상생협력의 새로운 가능성과 확장성을 보았다. 자상한 기업의 도움을 받은 기업이 생산 제품을 마진 없이 판매하기도 하고 업계를 선도하는 혁신 스타트업도 프로젝트에 참여하여 자발적 상생협력을 추진하는 등 선순환 구조를 만들어나가고 있다.

해외에서도 큰 호평을 받았다. 다보스포럼에서 자상한 기업 프로젝트가 소개되었을 때 각국 관계자들로부터 세계적으로 반영할 수 있는 포용적인 성장모델이며, 다른 국가들도 실행할 수 있을 것이라고 평가받았다. 자상한 기업을 통해 상생의 힘이 무엇인지, 서로 연결하고 연대하는 것이 무엇인지를 다시 한 번 생각해보는 계기가 되었다.

자상한 기업들은 보유한 강점을 충분히 발휘할 수 있는 다양한 방식으로 상생협력 활동을 하고 있다. 특히 중소기업과 소상공인들이 디지털 경제로 발 빠르게 전환할 수 있도록 여러 지원을 해주고 있다. 코로나19로 모두가 힘든 시기에 상생의 힘으로 국가의 위기를 함께 극복할 수 있다는 것을 보여주는 모범 사례가 되었다.

자상한 기업은 내가 장관 자리에서 퇴임할 무렵, 25호까지 탄생했다. 네이버를 시작으로 포스코, 삼성전자, 현대·기아차와 같은 국내 대기업은 물론이고 외국계 기업과 금융권 기업들도 다양한 주제로 소상공인과 중소기업을 돕고 있다. 이번엔 우아한 형제들과 이마트가 자상한 기업으로 합류했다.

자상한 기업 1호인 네이버의 한성숙 대표를 만나 대담한 적이 있다. 대담 중에 그가 소상공인의 성장이 곧 네이버의 성장이라고 말하는 모습에 든든하고 마음이 놓였다. 네이버는 교육을 받은 소상공인들의 매출이 눈에 띄게 좋아진 것을 보았다. 한성숙 대표는 향후에도 지속해서 지원할 것을 약속했다.

중기부에서 '백년가게'로 선정된 가게들이 네이버 검색과 지도를 통해 정보를 공유하고 있다. 소상공인에게는 고객들과의 접점을 넓히고 믿을 수 있는 정보를 직접 확인할 수 있는 연결 통

자상한 기업 1주년 행사장에서

로가 기꺼이 되어주었다. 네이버 검색창에 '백년가게' 키워드만 검색하면 네이버 플레이스와 연동된 점포 정보를 한눈에 확인할 수 있다.

　'백년가게' 정책은 30년 이상 명맥을 유지하면서도 오래 도록 고객의 사랑을 받아온 가게를 국민에게 소개하기 위한 정책 이다. 중소벤처기업부에서 우수성과 성장 가능성을 평가해 선정 한다. 지금은 '국민추천제'로 심사에 참여할 수도 있다.

　자상한 기업들이 하나씩 선정되면서 소상공인인 백년가 게들과 연계해 온오프라인 판매가 가능하도록 지원을 시작했다. 자상한 기업 프레시지는 이미 백년가게 메뉴인 낙지전골을 밀키 트로 상품화했다. 그뿐만 아니라 제반 비용을 모두 프레시지가 부담하고 판매 시 로열티도 백년가게 업체에 주는 사업을 진행 중이다.

　자상한 기업은 연결하는 상생협력의 새로운 플랫폼으로 자리 잡았다는 평가를 받고 있다. 산업별 실정에 맞는 협력과 노 하우 공유와 같은 비자본 투자까지 이루어져 상생협력의 디테일 을 살렸다는 분석이 있다. 백년가게와 자상한 기업의 연결로 소상 공인들에게 온라인 유통 판매의 새로운 장이 열릴 수 있기를 마음 을 다해 응원한다.

　이러한 자발적 상생협력 활동은 큰 결실로 돌아왔다. 온라인 플랫폼을 통해 소상공인이 만든 제품을 판매할 수 있게 되면서 일 평균 매출액이 16배 이상 늘기도 했고, 2020년 초 마스크 부족 상황에서 스마트공장 도입과 생산 노하우를 전수함으로써 생산량이 50% 가까이 향상되어 K방역에 일조하기도 했다.

상생협력이 이루어지는 스마트공장

2019년 중소벤처기업부의 장관이 된 직후 나는 '작은 것을 연결하는 힘', '상생과 공존'이라는 슬로건을 내걸었다. 그러고는 예상치 못한 코로나19가 시작되면서 상생과 공존은 선택이 아닌 우리 모두의 생존을 위한 필수 요소가 되었다.

국민의 따뜻한 상생의 정신에 힘입어 중기부의 수장으로서 적극적으로 기업과 정부를 연결하려는 노력에 밤잠을 설쳐가며 박차를 가했다. 본디 '스마트 대한민국'은 어려운 시국을 함께 넘어서 디지털 시대를 헤쳐 나갈 수 있도록 물고기 잡는 법을 알려주기 위해 고안한 정책이었다. 어려운 시기에도 우리나라 경제의 버팀목이 되어 뻗어나가는 기업들이 더욱 많아질 수 있도록 정부는 적극적으로 지원할 것이다.

자상한 기업들은 각자 보유한 강점을 충분히 발휘할 수 있는 다양한 방식으로 상생협력 활동을 하고 있다. 특히 중소벤처기업부와 협력하여 중소기업과 소상공인들이 발 빠르게 디지털 경제로의 전환에 대응할 수 있도록 스마트공장 도입, 비대면 기술 도입, 온라인 시장 진출 등을 지원해주고 있다.

특히 스마트공장 지원사업은 삼성전자와 공동으로 진행되는 만큼 대기업의 노하우와 기술이 중소기업에 자연스럽게 전달되는 상생협력의 효과가 있었다. 작년 중소벤처기업부는 중소기업중앙회의 열정적인 건의로 중소기업협동조합이 스마트공장 확산을 주도할 수 있도록 스마트공장 사업의 지원대상을 대폭 확대하고 관련 예산 100억 원을 지원했다.

이 지원으로 스마트공장 사업 최초로 협동조합이 직접 정부지원을 받을 수 있게 되었다. 제1호 지원대상이 된 한국펌프공업협동조합은 1억 원을 지원받아 각종 데이터를 자동으로 수집하는 시스템을 구축할 예정이다. 펌프조합의 조합원사들이라면 누구나 이용할 수 있는 공용시설로 활용될 계획이다. 이외에도 13개의 협동조합에 가입한 150개의 조합원사에서 스마트공장 사업을 진행 중이다.

스마트공장을 도입하면서 여러 분야에서 긍정적인 효과가 나타났다. 스마트공장 사업에 참여한 기업의 86%가 만족하고 생산성이 65% 정도 증가하면서 기업당 평균 4.3명을 추가 고용

했다. 근로자들의 만족도와 업무효율성도 상승하고 스마트공장으로 전환되면서 근무환경이 안전해졌다는 평이 다수였다. 이 과정에서 중소기업중앙회의 많은 노력이 있었다.

벤처 생태계에
밀알을 심다

포스트코로나 시대의 주역, 혁신벤처기업

중소벤처기업부가 발표한 '2020 혁신스타트업·벤처기업 일자리 동향'에 따르면, 코로나 팬데믹으로 전 세계에서 고용시장이 침체기에 빠져든 가운데, 우리나라의 ICT 기업을 중심으로 한 혁신 스타트업과 벤처기업은 지난해 5만 개 이상의 일자리를 창출한 것으로 나타났다. 이런 벤처기업의 약진은 현재 경제협력개발기구 OECD 회원국과 비교해 우리나라 경제가 선방한 주요 원인이다.

혁신벤처기업이 코로나 팬데믹 시대 우리 경제의 새로운 주역이 되고 있다. 2020년 12월 말 기준 벤처기업의 일자리 수는 전년에 비해 5만 2,905명이 증가한 72만 4,138명이었다. 우리나라 4대 대기업의 상시근로자 수인 69만여 명을 넘어서는 숫자다. 평균 고용인원과 실제 고용정보에 동의하지 않은 회사의 고용인원까지 고려하면 4대 대기업의 고용 인원보다 훨씬 많다. 특히 비대면 벤처기업의 고용 증가율은 대면 기업의 3배에 달할 정도로 월등한 고용 창출 능력을 보여주고 있다. 고용의 축이 대기업에서 혁신벤처기업으로 이동하고 있음을 확인할 수 있는 통계다.

벤처기업의 일자리 창출은 투자가 줄어든 시기에도 이루어졌기에 더욱 값진 결과가 아닐 수 없다. 코로나 상황 속에서 투자 기업과 대면 접촉이 어려워지면서 2020년 2분기 벤처기업의 투자가 크게 감소했다. 그러나 상반기에 모태펀드가 1.3조 원을 출자해 선정한 자펀드 2조 5,000억 원이 속속 결성되고, 1조 원 규모로 신규 조성하는 '스마트 대한민국 펀드'도 벤처투자 시장에 힘을 보태고 있다.

이런 약진에 힘입어 쿠팡, 야놀자, 쏘카 등 유니콘 기업 가운데 7개사가 2021년 국내외 증시 상장을 추진하고 있다. 새로운 유니콘 기업의 탄생이 기대되는 상황이다. 당근마켓, 마켓컬리 등이 그 후보다. 모두 비대면 혁신벤처기업들로 우리나라의 미래를 이끌어갈 주역들이다.

초기 스타트업들은 아직 부족한 역량을 보완할 다양한 연결이 필요하다. 기업끼리의 연결은 어느 한쪽의 자비가 아니라 서로 현실적으로 돕는 관계여야 한다고 생각한다. 그러한 관점에서 탄생한 것이 '대-스타 해결사 플랫폼'이다. 기존에는 대기업이 협력사에 한해 지원했다면, 이번에는 대상과 협력 내용에서 새로운 방식을 제시했다.

'대기업이 못 푼 숙제를 스타트업이 해결한다.' 대기업은 자본과 데이터를, 스타트업은 기술과 아이디어를 제공해 협력한다는 아이디어였다. '대-스타 해결사 플랫폼'은 인공지능, 콘텐츠, 친환경 소재 등 대기업에서 제시한 9개의 문제를 해결할 스타트업을 선발하는 공모전으로 이루어졌다.

'대-스타 해결사 플랫폼'은 대기업과 스타트업이 문제해결을 중심으로 협력할 기회를 얻는 '상생과 연결'의 장이다. 창업지원포털(www.k-startup.go.kr)에서 상시 문제 접수 시스템을 시범 운영했다. 대기업 등이 시간과 장소에 구애받지 않고 자체적으로 해결이 어려운 문제나 시급히 해결할 필요가 있는 사회문제의 해결을 창업기업에 의뢰할 수 있게 했다. 창의적이고 우수한 사업화 방안을 제시한 스타트업들은 해결사로 선정돼 사업화 방안을 구체화하기 위한 대기업과 협업을 시작하거나 논의하는 상생협력이 이루어졌다.

간절함이 만들어낸 수출

중기부 장관 시절, 2020년 미국 경제지 〈포브스〉가 뽑은 미래를 끌고 갈 30세 이하의 아시아 리더에 선정된 젊은이들을 응원하는 자리에 참석했을 때의 일이다. 코에 땀방울이 송글송글 맺힌 한 청년이 지각 일보 직전 헐레벌떡 행사장에 도착해 내 옆자리에 앉았다. 그는 행사가 시작되자 나지막한 목소리로 나에게 속삭였다.

"장관님, 죄송해요. 회의하다가 막 달려왔어요. 저희 같은 스타트업들은 납기일을 못 맞추면 과징금 때문에 죽거든요."

팜스킨의 곽태일 대표였다. 그가 회사의 운명이 걸린 회의를 하다가 후배들의 멘토가 되고자 행사장으로 달려온 이유를 이렇게 밝혔다.

"저는 제 멘토들, 특히 정부 프로그램에서 만난 분들과 선배 창업가들로부터 받았던 많은 도움을 이제는 후배 창업가들에게 돌려주기 위해 참여했습니다."

자신이 받았던 은혜를 돌려주기 위해 '청청콘'(선배 청년 창업가가 후배 청년 창업가를 이끄는 창업 콘테스트)에 참여했다는 곽 대표의 말에 나는 깊은 인상을 받았다.

그와의 첫 만남은 문재인 대통령과 함께했던 간담회 자리였다. 젊은 창업가들이 대통령께 질문하는 시간이 있었는데, 유난히 그가 던진 질문이 내 마음에 꽂혔다. 행사 이후 대통령도 그의 이름과 회사를 물어볼 정도였다.

"저는 농촌에서 부모님과 함께 소를 키우며 자랐습니다. 그동안 버려지던 소의 초유로 승부를 보는 회사를 창업해 현재 글로벌 회사로 키워가고 있는데 규제가 너무 많습니다."

대학교 시절 독일 농가를 방문했던 그는 초유크림을 바른 농부들의 손이 너무 희고 부드러워 보이는 걸 보고, 선후배들과 졸업 직후인 2017년 버려지는 초유로 화장품을 만드는 회사를 창업했다.

곽태일 대표는 처음부터 글로벌 기업을 꿈꿨다. 그러고는 가장 먼저 미국의 종합 유통업체인 타깃^{Target}에 입점해야겠다고 생각했단다. 무작정 타깃을 찾아갔지만 보기 좋게 거절당했다. 포기하지 않고 1주일을 기다린 끝에, 출근하던 바이어를 만나 미팅을 했다. 우연히 부사장도 미팅에 들어오면서 미국 시장 진출이 이루어졌다. 그의 영어 실력이 결코 유창하지 않다고 한다. 오직 미국 시장을 뚫겠다는 의지가 만들어낸 결과였다.

그의 용기와 열정은 청청콘이 열리던 날에도 유감없이 발휘되었다. 내 옆자리에 앉아 "큰일 났다"는 말을 거침없이 했다.

"배가 없어서 수출을 못하고 있습니다. 우리 같은 작은 회사는 납기를 못 맞추면 위약금 때문에 버티지 못합니다. 큰일 났습니다."

발을 동동 구르는 그를 보고 나는 행사 직후 해수부 장관에게 전화를 걸었다. 문성혁 해수부 장관은 "당장 떠오르는 해결 방안은 없지만 한번 해결해보자"는 답변을 줬다. 그 후 1주일 만에 중기부와 해수부가 해결 방안을 마련했고 매달 중소기업 수출 전용 배를 띄우기로 현대상선^{HMM}과 약정을 맺었다.

배가 없어 애태우던 중소기업의 수출에 이렇게 서광이 비추기 시작했다. 이후 여러 중소기업 대표로부터 감사의 전언이 들려왔고, 수출 현장의 어려움을 해결해주어 정말 감사하다는 편지도 여러 통 받았다.

"구하라, 그러면 열릴 것이다."

곽태일 대표의 용기와 열정은 그의 일을 해결하는 데 그치지 않고 많은 중소기업의 수출 길을 여는 결과를 가져왔다. 팜스킨 제품은 현재 50개국에 수출되고 있다. 선배 창업가로서 후배 창업가들의 귀감이 되고 멘토가 될 충분한 자격이 있는 사람이라고 생각한다.

대한민국 경제의 버팀목이 된 수출기업들

코로나19 팬데믹의 어려운 상황에서도 중소벤처기업이 경제의 버팀목 역할을 톡톡히 할 수 있는 것은 온라인 수출 덕분이다. 고가보다는 중저가 제품이 온라인 수출하기가 쉬운 탓에 중소벤처기업들의 가성비 좋은 제품이 대기업 제품보다 훨씬 반응이 좋다. 대기업이 아닌 중소벤처기업들의 수출이 날개를 달 때가 왔다.

취임 후 최초로 국민심사단과 전문가심사단이 함께 소부장(소재·부품·장비 산업) 강소기업 100을 선정했다. 선정된 중소기업의 직원들이 국가로부터 "내가 다니는 회사가 강소기업 100 회사다"라는 인정을 받았다며 굉장한 자부심을 가진다는 말을 듣고 참으로 뿌듯했다.

심지어 강소기업 100에 선정된 기업들이 자발적으로 정부에서 지원받은 금액만큼 사회에 환원하겠다고 발표했다. 본인들이 받은 액수만큼 주식으로 환원해 펀드를 마련한 것이다. 이 펀드가 기금화되면 강소기업 시리즈를 지속할 수 있는 귀중한 마중물이 마련된다. 이 기회를 빌려 강소기업 관계자들에게 다시 한번 감사하다는 말씀을 드린다.

코로나19로 거리두기 단계가 격상되면서 소상공인, 중소벤처기업, 대기업의 모든 업무가 디지털 전환이 이루어져야 했다. 중기부에서는 디지털 제반 환경이 부족해 비대면 업무가 어려운 중소기업도 재택근무가 가능하도록 화상시스템 등 플랫폼을 만들어 약 8만 개 중소기업에 바우처(이용권)를 제공했다. 생산라인 이외의 다른 직종에서 재택근무를 해 효율성을 높일 수 있도록 지원하기 위해서였다.

코로나19를 겪은 2020년 한 해를 되돌아보면 대한민국이 OECD 회원국 중에 경제적 타격이 적은 나라에 속한다. 세계적으로 어려운 상황에서도 경제적 타격이 적은 것은 결국 우리나라 경제의 허리가 튼튼해지고 있다는 증거다. K방역이 성공하고 코로나19에 대응을 잘하면서 높아진 국가 신뢰도가 우리나라 경제 전반에 긍정적인 영향을 미치고 있다. 이제는 우리가 얼마만큼 기회를 활용하는지에 달렸다. '메이드 인 코리아^{Made in Korea}' 제품을 사려는 수요에 발맞출 수 있도록 모든 수출 제반사항과 관련 법규가 기업들을 지원해주어야 한다.

　　코로나19 덕분에 새로운 수출 버팀목에 대한 기록도 세워졌다. 진단키트, K방역, K뷰티 관련 제품들은 온라인에서 무려 2배 이상의 수출이 이루어져 우리나라 비대면 경제 활성화의 가능성을 보여주었다. 반도체 관련 부품도 회복세를 보이고 있다. 진단키트, 손 소독제 등은 전년 대비 350%가 증가했고 디지털 장비와 같은 비대면 품목도 전년 대비 35%나 증가했다.

　　그중 눈에 띄는 기업이 바이오의료 분야 혁신벤처기업인 셀트리온이다. 셀트리온은 20년 만에 국내는 물론 세계적인 제약회사가 되었고, 바이오시밀러(biosimilar, 특허가 만료된 생물의약품에 대한 복제약) 분야의 최강자로 등극했다. 2020년 연말 셀트리온 회장직에서 은퇴한 서정진 회장은 K방역에 대한 자부심이 대단했다. K방역과 코로나 백신, 치료제에 대한 공부에 도움을 청하자 흔쾌히 사무실까지 와서 도움을 주셨던 기억이 있다. 그에 따르면 한국은 다른 나라처럼 환자가 많지 않아 임상시험이 쉽지 않기 때문에, 루마니아, 미국, 프랑스 등에서 임상시험을 진행한다고 했다.

　　한국의 바이오산업은 오히려 코로나 팬데믹 시대에 눈부

시게 발전하는 계기를 맞았다. 코로나19를 진단하는 테스트키트를 한국에서 제일 빠르고 가장 많이 생산하고 있다. 2020년 벤처투자의 약 25%가 바이오 분야에 이루어졌던 것이 토대가 되었다. 코로나19의 위기를 기회로 바꾸는 혁신의 힘이 스타트업에서 나온다는 것을 새삼 실감하고 있다. 코로나 맵을 만들었던 대학생 이동훈 씨는 작년 중기부의 예비창업패키지 사업에 참여했고 휴벳바이오는 팁스(TIPS, 민간투자주도형 기술창업지원 프로그램) 지원을 받은 적이 있다. 어쩌면 그동안 뿌려진 벤처 투자의 씨앗이 열매를 맺기 시작한 게 아닐까.

　　이제는 바이오산업 업계를 비롯해 한국 벤처기업들 전체에 '스케일업 scale-up'이 중요한 시점이다. 국내 벤처캐피털이 140여 개 있지만 아직은 미국처럼 투자 규모가 큰 곳이 없다. 중소벤처기업부에서 고안한 '자상한 기업' 캠페인은 시중 대형은행의 자금을 벤처캐피털 시장으로 끌어들이기 위한 것이기도 하다. 3세대 유니콘 기업은 벤처캐피털의 자금으로 만들어진다. 국내 자금을 육성하지 않으면 유니콘 기업의 최종 과실을 외국에서 가져갈 수밖에 없다. 우리가 함께 힘을 키워 셀트리온과 같은 우리나라의 글로벌 혁신벤처기업을 지키며 세계로 나아가야 할 때다.

　　중소벤처기업부의 첫 '스타트업 파크-송도'는 바이오 분야로 특화되어 곧 개관된다. 서정진 회장의 모교가 있어 애정이 담겨 있는 장소이기도 하다. 그는 송도스타트업파크가 바이오클러스터의 중심이 되기를 바라고 있다. 이곳이 셀트리온, 삼성 바이오의 앵커기업과 함께 후배 바이오 스타트업이 성장하는 대한민국 바이오의 메카가 되기를 바란다.

디지털 민주주의를 꿈꾸는 유호현 대표

자연 생태계에는 나무 하나, 돌멩이 하나도 똑같은 것이 없다. 모든 것이 다르기에 아름답고 다르기에 조화가 있다. 창업 생태계도 마찬가지다. 스타트업들은 사업을 하는 이유도 방식도 각기 다르다. 다채로운 경영 철학과 창의적인 발상, 특별한 방식으로 한국 스타트업 생태계가 조화롭게 채워지고 있다.

경제 패러다임 자체에 대한 새로운 개념을 가진 스타트업들도 있다. 2020년 11월에 화두로 던진 '프로토콜 경제'를 지지하는 창업가들이다. 최근 문제가 되고 있는 플랫폼 경제와 달리 프로토콜 경제는 거래 과정이 투명하고 합리적인 패러다임을 기반으로 하기에 공정한 결과를 낳는다. 플랫폼 경제의 문제점을 일찍 인지하고 한발 앞서 올바른 상생과 공존의 모델을 찾는 기업들이 있다. 이들은 기본적인 패러다임을 바꿔야 한다고 생각한다.

'옥소폴리틱스'는 자신의 정치 성향을 바탕으로 정치에 대한 이야기를 나누는 SNS다. 옥소폴리틱스만큼이나 유호현 대표의 스토리도 심상치 않다. 원래 교수를 꿈꾸던 영문학도이자 취미로 프로그램을 개발할 줄 알았던 유호현 대표는 박사 과정에 트위터의 채용 제안을 받았다. 영어와 한국어를 잘하는 사람을 찾던 트위터에서 그를 한국어 자연어처리 엔지니어로 영입했다.

2016년에는 에어비앤비의 이직 제의를 받아들여 결제 시스템팀과 함께 '이용자가 집에서 예약한 숙소까지 어떻게 이동하면 좋을지' 연구하는 팀에서 일했다. 그의 연봉은 5억 원대로 껑충 뛰었다. 그러던 중 코로나19로 에어비앤비가 구조조정에 들어가면서 회사에서 해고된 그는 무수한 회사로부터 입사 제의를 받았다. 그러나 유 대표는 모든 제의를 거절하고 한국에 '정치'를 사업 아이템으로 스타트업을 세웠다.

　　유호현 대표가 창업을 결심한 이유가 인상적이었다. 실리콘밸리 기업들의 의사결정 구조는 권위에 의존하지 않고, 다투지 않으며, 다양한 의견을 나누며 합리적으로 이루어지는데, 한국의 정치는 전혀 그렇지 않다고 느꼈기 때문이었다.

　　보수와 진보로 양극화되어 있는 한국의 정치 세계에 혁신이 필요하다고 느꼈다. 보수와 진보 사이에 있을 '다양한 의견'에 집중했다. 실리콘밸리에서 다양한 스타트업이 여러 시도를 통해 혁신을 주도하듯, 한국 정치도 다양한 의견을 통해 다양성을 인정하는 문화가 생긴다면, 정치에서도 혁신이 일어날 수 있다고 믿는다.

　　담론의 장을 만들기 위해 옥소폴리틱스는 정당·이념·색깔이 아닌 동물 캐릭터로 그룹을 생성한다. 옥소폴리틱스의 참여자는 정치 성향 관련 질문에 대해 답변을 하고, 이를 바탕으로

옥소폴리틱스 테스트와 유호헌 대표

5개의 동물부족 중 한 부족에 속하게 된다. 참여자가 성향별 커뮤니티에 속함으로서 정치적 갈등이 줄어들고 다양한 담론들이 활성화된다.

각 부족에는 토론이 진행되면서 자연스럽게 리더가 생긴다. 옥소폴리틱스의 장점은 각 참여자가 남긴 모든 의견을 히스토리로 남긴다는 것이다. 옥소폴리틱스의 모든 참여자는 다른 사람의 히스토리를 볼 수 있다. 일종의 익명 개인 정치 프로파일인 셈이다. 프로파일 정보의 투명한 공개로 해당 참여자의 과거와 현재의 의견을 비교해볼 수 있으며, 그 과정에서 신뢰성이 생기면 리더가 될 수도 있다. 그리고 잘못하면 즉시 리더에서 탈락할 수도 있다.

옥소폴리틱스 사람들은 서로를 설득하려 하기보다는 이해하려 노력하는 독특한 정치 이야기 문화를 만들고 있다. 정치 성향을 동물로 표현한 것도 사람들이 자신의 정치 성향을 하나의 단어로만 규정하는 게 위험하다는 생각에서다. 옥소폴리틱스의 게시판에는 욕설과 인신공격, 가짜뉴스가 없다는 것이 인상적이다. '옥소의 편지'를 통해 문화적인 규칙을 만들어나가고 있는 것이다.

유호현 대표는 이런 옥소폴리틱스는 프로토콜 경제와 맞닿아 있다고 말한다. 플랫폼 경제에서는 어떤 문제가 발생했을 때

중앙에서 해결해주기를 바라는 것이 일반적이다. 그러나 프로토콜 경제라면 문제가 발생했을 때 각 주체가 스스로 문제를 해결할 수 있다고 설명했다.

정치를 온라인화해 비효율을 없애고 다양성을 포용하는 대의민주주의를 실현하고자 하는 스타트업 옥소폴리틱스는 글로벌 스타트업을 육성하는 퓨처플레이와 해시드로부터 투자를 받았다. 투자자들은 정치 시스템이 향후 10년간 크게 바뀔 것이며 AI 기술을 바탕으로 유권자가 더 나은 선택을 할 수 있는 변화의 마중물이 옥소폴리틱스가 될 거라 예상한 것이다. 프로토콜 경제 대담에서 열정적으로 옥소폴리틱스를 설명하던 그의 모습이 지금도 눈에 선하다.

콘텐츠 창작 프로토콜을 제시하는 이상헌 대표

옥소폴리틱스와 프로토콜 경제 대담을 함께한 '보이스루' 또한 혁신적인 미래를 대변하는 스타트업이다. 나는 2020년 11월에 열린 '청청콘' 축사에서 '프로토콜 경제' 개념을 쉽게 설명하기 위해 보이스루를 예를 들었다. '청청콘'은 중소벤처기업부와 창업진흥원이 함께 주최하는 행사이다. 선배 청년 창업가가 후배 청년 창업가를 이끄는 콘테스트라는 의미로 포스트코로나 시대를 개척할 수 있는 6대 비대면 분야의 유망 청년 스타트업을 선발하는 피칭pitching 대회이다.

보이스루는 인공지능 솔루션을 기반으로 자막 제작 서비스를 제공한다. 대학생 창업팀으로 시작해 2020년에는 일본 법인을 설립할 정도로 성장한 글로벌 스타트업이다. 현재 전 세계 2000여 명의 번역가들이 9개 국어를 번역하는 일에 종사하는 크라우드 소싱 플랫폼이다.

보이스루는 본디 청각장애인이 온오프라인에서 수업을 들을 수 있는 솔루션을 연구하다 기업 규모가 커지면서 콘텐츠 자막 사업에 뛰어들었다. AI와 번역가들의 자율 참여 시스템으로 유투브 자막 번역을 해주는 '자메이크'를 개발하면서 MBC, 샌드박스SANDBOX 등 굵직한 회사들과 공식 제휴를 맺고 있으며, 국내 영상 번역시장 점유율 1위를 차지하고 있다.

보이스루에서 주목해야 할 점은 '급여 시스템'이다. 보이스루는 알려지지 않은 신예 번역가들도 정당한 금액을 받고 작업량을 보장받을 수 있는 시스템을 만들었다. 만약 번역가가 실력이 있으면 보상이 증가하고 반대의 경우에는 페널티(처벌)를 받는다. 무엇보다 진정한 '실력'에 따라 '급여'가 공정하고 투명하게 주어지도록 한 점이 중요하다.

보이스루 자메이크 페이지와 이상헌 대표

보이스루의 이상헌 대표는 현재 번역 시장에서 번역을 의뢰하는 사람들이 내는 비용과 실제로 번역가에게 돌아가게 되는 돈의 차이가 크다고 말한다. 그러나 프로토콜 경제가 도입되면 여러 대상을 투명하게 연결함으로써 탈중앙화, 탈독점이 가능하다. 구체적으로는 실제 번역자에게 보상이 갈 수 있도록 하는 것이 프로토콜 경제인 것이다.

　　보이스루는 번역 외에도 데이터 분석 등을 통해 콘텐츠 창작자들의 해외 진출을 돕는다. 보이스루 파트너사들의 해외 월 조회수는 2020년 1,000만 건 정도였지만, 2021년에는 10억 건 정도로 예상된다. 이상헌 대표는 콘텐츠, 공연, 문화예술 분야가 온라인화될 것이라 전망했다.

　　보이스루는 '국내 콘텐츠를 해외 팬들이 좋아하도록 돕는다'는 비전을 갖고 있다. 한국말을 하는 아이언맨, 미키 마우스와 같은 위대한 캐릭터가 탄생하는 데 이바지하는 것이 이상헌 대표의 꿈이다. 이제는 이상헌 대표의 꿈이 한국 콘텐츠의 꿈이 되어가고 있는 것 같다.

농업 프로토콜 경제를 열어가는 신상훈 대표

21분 도시 서울을 만드는 중요한 요소 중의 하나가 스마트팜이다. 일터와 삶터의 융합 공간을 만들기 위해서 고안한 서울의 랜드마크인 수직도시정원 구상에 포함되어 있다. 수직도시정원 속에는 나선형 산책길과 1인 주택, 오피스, 스마트팜이 함께할 것이다. 스마트팜에서 직접 농작물을 재배하는 삶은 탄소제로 시대로 가는 서울의 큰 걸음 중 하나다.

4차 산업혁명 시대에 맞추어 새로운 농업 시스템이 필요하다. 지난 20년간 정체되어 있던 60조 원의 농업시장의 흐름을 깨고 디지털 기술 농업을 선도하는 스타트업이 있다. 바로 농업시장의 모든 프로세스를 데이터화하고 디지털화하는 '그린랩스'이다. 그린랩스는 국내 스마트팜 농작물 생산과 유통 및 판로개척 등에 대해 데이터링 기반 농업포털 서비스를 제공한다.

그린랩스의 신상훈 대표에 따르면 현재 시스템은 농사를 짓기 위해 대출 신청을 할 경우 30년 농사를 지은 사람보다 대기업 간부였던 사람이 더 많은 대출을 받을 수 있다고 한다. '뿌린 대로 거두는' 현실이 아닌 것이다. 실제 데이터 기반이라면 농사를 지어본 경험이 있는 사람이 농사를 실제로 성공할 확률이 높기에 더 많은 대출을 받는 것이 마땅하다. 그러나 현실은 오히려 대출

을 받을 수 없다. 그는 이러한 현실을 바로잡을 방법은 데이터를 기반으로 투명하게 의사결정을 하는 프로토콜 경제라고 말한다.

그린랩스는 농민이 적은 비용으로 더 많이 생산하고 더 좋은 조건으로 팔 수 있도록 돕는다. 적은 인력과 시간으로 전문가처럼 능숙하게 농사를 지을 수 있는 디지털 기술을 개발하고 지원한다. 그린랩스의 혁신성은 2019년도에 4차 산업혁명 농림부 장관상, 퍼스트펭귄 창업기업, 2020년에는 대한민국 상생발전 대상을 받으며 이미 증명되었다.

그린랩스는 IoT 기술을 이용해 농민이 언제 어디서든 농장을 관리할 수 있게 해준다. 지방에 있는 대형 하우스형 농장 입구 상단에 센서가 부착되어 있다고 하자. 센서가 외부의 온습도, 풍향 및 풍속, 이산화탄소 수치 등을 컴퓨터로 전송한다. 땅의 습도가 낮아지면 수도관을 조절해 밭에 물을 줄 수 있다. 또한 생산량을 높일 수 있는 작물별 매출 분석을 비롯해 토지 분석, 자금 조달, 농자재 공급, 농작물 판매 유통 경로까지 제공한다. 농장의 모든 데이터가 클라우드 서버로 업로드되어 '생육환경 최적화 엔진'을 통해 해당 농작물이 자라기에 가장 적합한 환경을 알려준다. 시간이 지날수록 그리고 사용량이 많을수록, 더 많은 데이터를 기반으로 더 정확하게 진단을 할 수 있어 생산성이 향상되는 구조다.

스마트 농업과 유통 혁신을 위해서 그린랩스는 생산성을 극대화하고, 유통시장을 혁신하고 있다. 모든 농업 관련 활동을 하나의 플랫폼으로 통합했다. 4차 산업 우수기업 농림부 장관상을 수상하며 국내 최초로 베트남 스마트팜 농장 수출을 계약했다.

작년 5월 그린랩스는 신용보증기금 제 3기 '혁신아이콘'에도 선정되었다. 성장 가능성이 높이 스타트업을 발굴하고 지원하기 위해 도입한 스케일업 프로그램이다. 기업당 70억 원의 보증 지원과 해외진출, 컨설팅 등 기업 맞춤형 서비스를 제공한다. 216개의 지원 기업 중 5개 기업이 선정되었는데 그중 하나가 그린랩스다.

그린랩스가 성장성과 가치를 인정받는 이유는 단순히 농업기술 때문이 아니라 데이터 기업이기 때문이다. 객관적인 데이터를 분석하고 연결하면 비단 농업뿐만 아니라 관련된 정부 정책도 바뀔 가능성이 크다. 이 때문에 그린랩스의 혁신성은 미래 우리 사회에 중요한 의미가 있다.

중소벤처기업부 장관으로 재직하면서 많은 소상공인과 벤처기업가를 만났다. 이들의 이야기를 들을 때면 특유의 열정과 간절함에 돕고 싶은 마음이 절로 생길 때가 많았다. 하나의 밀알이 땅에 떨어져 싹을 틔우면 많은 열매를 맺는다는 말처럼, 그들은 선도적으로 우리 경제를 이끌어갈 밀알이 아닐까.

장관 시절에 얻은 가장 큰 수확은 많은 사람을 만나면서 미래를 미리 보고 발견했다는 것이다. 벤처기업들의 도전에서 '창의력'을 보았고, 중견기업들의 경험과 '연결'하며 '기회'를 보았다. 내가 경험하고 바라본 디지털 대한민국은 이미 세계 속에서 앞서 나가고 있다. 그리고 대한민국의 수도 서울은 앞으로 디지털 세상의 수도이자 세계의 미래가 될 것이라 믿어 의심치 않는다.

함께 꿈을 꾸는 서울

서울에 대해 말씀드렸습니다. 서울이라는 공간을 활짝 꽃피우고, 건강한 도시의 인간다운 삶, 우리의 이웃과 시민 간의 연결을 촉진하는 방안들입니다. 방송기자로 일하던 제가 넓은 의미의 정치에 몸담은 지 올해로 17년입니다. 서울을 맡아 일해보고 싶다는 꿈을 꾼 지도 10년입니다.

제가 정치권에 들어왔을 때 많은 분이 말씀하셨습니다. "정치는 힘없는 사람의 눈물을 닦아주는 것이다." 그렇습니다. 우리 사회에는 늘 그늘진 곳이 있고 거기에는 '더 많은 시민'들이 살고 있습니다. 이 분들의 어려움과 아픔을 같이 하고, 가능한 범위 안에서 그 원인을 해결하는 게 정치입니다. 코로나19 이후 더욱 그런 필요성이 커졌습니다. 전 국민적인 재난지원 정책이나 특히 천재지변에 준하는 사태로 피해를 본 자영업자, 소상공인들에게 정치의 긍정적 기능이 작동해야 합니다. 어느 자리에 있든 잊지 않고 존재 이유로 새기겠습니다.

어떤 분은 또 말씀하셨습니다. "정치가 문제를 해결하는데 그치지 않고 문제를 예방해야 한다." 눈물이 나오기 전에 법과

제도를 정비하는 좀 더 적극적인 정치를 말하는 것 같습니다. 저는 이 부분도 동의합니다. 중소벤처기업부 장관으로서 가게를 살리고 기업을 살리는 정책과 제도를 도입했습니다. 소상공인들이 어렵게 느끼시는 디지털화에 박차를 가해 코로나19 이후 소상공인들의 미래를 준비했습니다.

눈물이 나오기 전에 미소를 심어드리는, 좁은 의미의 정치가 아닌 넓은 의미의 정치를 하고자 한 것입니다. 이 시점부터 저는 우리가 흔히 생각하는 좁은 의미의 정치, 여의도 정치를 벗어나 넓은 의미의 정치, 정치인 출신 중소벤처기업부장관으로 이동했습니다.

국회 법사위원회에서 저를 바라본 분들은 잘 싸우는 박영선으로 기억하실 겁니다. 실제로 잘 싸웠습니다. BBK의 진실이 덮이는 현장을 보며 마음속에 분노가 쌓였습니다. 늘 "신은 진실을 알지만 때를 기다린다"는 톨스토이의 가르침을 마음에 새기며 분노를 삭이고 인내했습니다. 그런데 정치의 영역을 넓혀 행정까지를 포괄하면서 저는 새롭게 깨달았습니다. 분노보다 용서와 너그러움과 포용이 얼마나 큰 힘을 발휘하는지 그리고 정치를 잘하면 눈물을 막을 수 있다는 것을.

이제 서울입니다. 서울은 우리가 1948년부터 정부 수립과 산업화 정책을 나선 지난 70년, 80년 동안 애환과 성장이 함께한 보금자리요 역사의 흔적입니다. 이 서울에는 대략 3세대가 함께 살고 있습니다. 근면 성실로 이 나라를 꽤 괜찮은 나라로 만든 주역들, 부모님 세대입니다. 양적 측면을 발전시킨 분들입니다. 또 저와 저희 후배 세대가 있습니다. 아시아에서 보기 드물게 민주주의를 정착시키고 경제와 산업의 질적 측면을 함께 업그레이드한 세대입니다. 그리고 자녀 세대가 있습니다. 발전한 나라의 시민으로 태어났으나 기회의 문이 닫히고 있다는 생각에 갑갑한 청년들, 불확실한 미래 전망을 가진 세대입니다. 그들은 문화와 예술을 사랑하며 공정과 평등의 가치와 권리의 신장을 희망합니다.

저는 3세대가 공존하는 서울의 새로운 결승점으로 쾌적함, 행복, 즐거움 그리고 건강한 도시를 제안하고 싶습니다. 도시를 잘 만들기 위해서는 탄생을 능가하는 열정과 능력이 필요합니다. 이 도시에는 가능성이 한강물처럼 북한산처럼 넘쳐야 합니다. 꿈을 가진 누구나 그 꿈의 실현이 가능한 도시로 만들고 싶습니다. 예술가가 되고 싶은 꿈, 창업을 하는 꿈, 내 집 마련의 꿈, 나

이와 직업에 상관없이 하고 싶은 일을 할 수 있는 서울을 만들고 싶습니다. 꿈을 꾸는 도시 서울을 만들기 위해서는 달에 로켓을 보내는 "문 샷 씽킹 Moon Shot Thinking"이 필요합니다. 10%보다는 10배를 혁신시키겠다는 생각이 필요합니다.

쾌적함을 드리기 위한 첫 번째 조치는 시간과 공간의 재활용입니다. 디지털 경제와 함께 '21분 도시 서울'로 대전환이 이루어진다면 즐겁게 일하고 건강하게 살 수 있습니다. 서울 시민들에게 녹색, 그린을 돌려드리고 싶습니다. 소상공인은 구독경제를 통해 디지털 단골을 만들고, 혁신벤처기업과 빅데이터, 중소벤처기업의 디지털 혁신은 미래형 일자리를 만들 것입니다. 프로토콜 경제를 기반으로 투명하고 공정한 경제 생태계를 구현하겠습니다.

저의 목표는 서울 시민의 일과 삶에 있어 쾌적함, 행복, 즐거움을 돌려드리는 것입니다. 같이 해주시면 힘이 되고, 조금 더 일찍 도달할 것입니다. 즐거운 도시가 성공합니다. 감사합니다.

합니다. 박영선!

'21분 도시 서울'을 꿈꾸며

박영선

21분 컴팩트 도시 서울을 향한 큰 걸음
박영선과 대전환

박영선 지음

ⓒ 박영선, 2021

초판 1쇄 2021년 3월 5일 발행

ISBN 979-11-5706-227-0 (03300)

만든사람들

책임편집	배소라
편집도움	김경아 이병렬
디자인	올디자인
마케팅	김성현 최재희 김규리
인쇄	한영문화사

펴낸이	김현종
펴낸곳	(주)메디치미디어
경영지원	전선정 김유라
등록일	2008년 8월 20일 제300-2008-76호
주소	서울시 종로구 사직로 9길 22 2층
전화	02-735-3308
팩스	02-735-3309
이메일	medici@medicimedia.co.kr
페이스북	facebook.com/medicimedia
인스타그램	@medicimedia
홈페이지	www.medicimedia.co.kr